U0031835

圖像＋口訣＋關鍵字
國考記憶術
讓你一步到位！

照著做，

成功擠進

國考窄門

林維翰——著

從選擇考試科目、安排讀書計畫、選擇補習班課程，
到考前大猜題、做筆記技巧，
一次公開國家考試會遇到的盲點和困難！

書色

國考記憶術，首度大公開
圖像法、口訣法、諧音法，表格式呈現，一目瞭然
聰明運用手機軟體協助記憶與複習
全職考生與兼職考生的作息分配建議與規劃
申論題與選擇題的猜題訣竅
上榜預測與分數預測STEP BY STEP

CONTENTS

第二章

千里始於足下

CONTENTS

CONTENTS

第五章

考場注意事項與得分技巧

CONTENTS

前言
轉換跑道的決心與毅力

　　成為公職人員之前，我曾任職於竹科晶圓相關廠商，擔任半導體設備工程師，之後又換到了中科面板相關廠商，擔任新產品工程師。然而，在業界工作第二年，即因工作太勞累，首度萌生考公職的想法。

　　當時買了本一般行政的國考教科書試讀一週，旋即因內容枯燥乏味、工作導致身心疲乏、缺少老師導讀三大因素而放棄。在工作到第五年時，雖然已對職務內容駕輕就熟，但我視家庭及健康比工作重要，致使投身國考的決心捲土重來。因前次的失敗經驗，故採取以下策略：改選取有興趣的考科、辭職全力衝刺、以函授方式上補習班老師的課程。

　　台灣所謂的科技新貴，因「分紅費用化」與整體經濟不佳，已不復以往的榮景。但即使如此，以筆者機械研究所學經歷，在晶圓廠時仍可獲得3年七百萬的待遇，而面板廠也給與六萬的月薪。所以即便是高考三級，公務員的薪資仍然遠不及我前兩份工作，但若要用兩個字代表公務

員，我想會是「安穩」，這兩個字對經過職場風雨的我來說，是非常重要的願景與夢想，是用錢也買不到的珍寶。

於是我在該年6月辭職，隨後馬上參加7月的高考三級練筆，這是很重要的，我也希望讀者能報名每次的大考練習，當作模擬考來增加平時讀書時無法獲得的寶貴經驗。

經過不斷的摸索讀書策略、考試技巧與記憶術後，在該年12月的地特三等成績已接近了錄取分數，再隔半年後即考取次年7月的高考三級社會行政。如今我將這一年間所使用的國考技巧出書分享（右頁則為筆者給各位考生的時間規劃流程建議），希望你也能快速通過試煉，踏上嶄新的人生旅程。

成功上榜流程規劃建議

全職非本科考生
時間軸(日)進度建議　　　流程安排

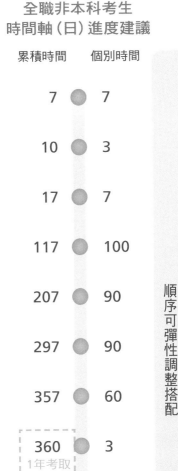

累積時間	個別時間
7	7
10	3
17	7
117	100
207	90
297	90
357	60
360 （1年考取）	3
430	70
431	1

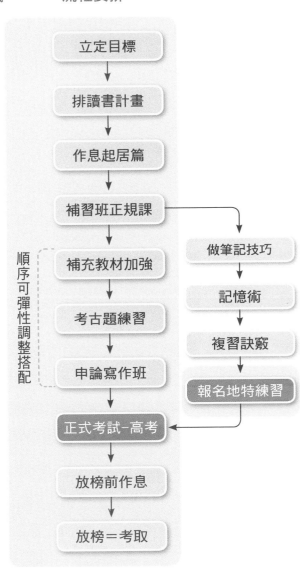

立定目標

排讀書計畫

作息起居篇

補習班正規課

補充教材加強

考古題練習

申論寫作班

順序可彈性調整搭配

做筆記技巧

記憶術

複習訣竅

報名地特練習

正式考試-高考

放榜前作息

放榜＝考取

第一章

有志者事竟成

蕭伯納：
人生最大的快樂，
就是把自身奉獻給
自己認為最重要的理想。

儘早確定真正的志向，不要繞了一大圈，才發現自己高中職選錯了類組，大專讀錯了科系，畢業後找錯了工作！

在眾多公職單位
選定最適合自己的四大法則

患難生忍耐，忍耐生老練，老練生盼望
（羅馬書5:3-4）

　　找對讀書目標非常重要，有正確的目標，才能有適當的方法和足夠的動力衝刺，所以在正式進入備戰狀況前，請務必先想好自己的目標是什麼。

從瞭解自身性向找尋目標

　　建議可以先由性向測驗著手，在學學生可至輔導室進行免費測驗，或是以多方資源初步瞭解自己的可能性向，以下提供三個免費網站給讀者參考：

　　1. 勞動部勞動力發展署-台灣就業通-職能探索測驗

　　（網址http：//exam.youthwant.com.tw/exam.php）

　　2. 優仕網性向測驗-免費大學落點分析預測系統

　　（網址http：//php.ejob.gov.tw/interest/list1.php）

　　3. yes123求職網-職場性格測驗

（網址http：//www.yes123.com.tw/admin/
assessment/sp.asp）

想考公職的朋友可Google搜尋「性向測驗 公務員 考
試」（三個關鍵字中間需空白）即可看到非常多的測驗管
道，例如「公職王公務員性向測驗」（網址http：//info.
public.com.tw/Comprehensive/atest_index.aspx）。

多方打聽實際工作內容

有了性向測驗結果後，請參考但不要完全盲從此數
據，並應就其中所列之工作，實際搜尋與查訪其工作內
容、福利與箇中辛酸。

舉例來說，若性向測驗結果為公務員的社會行政，請
至少須瞭解其報考條件、相關福利、工作內容等，以上透
過網路均可輕易查詢。

之後，請在周遭親友間打聽社會行政的甘苦談，並到
考選部查詢歷年社會行政開缺單位，找其中離自家近的地
點，實際到場與櫃台志工、社會科人員聊聊實際工作情
況：例如幾點下班？是否需外勤？是否有加班費？工作內
容？此領域的苦與樂等，以免好不容易考上國考卻誤入歧
途。

此外，補習班也是蒐集資料的好所在，就算不補習，也可請櫃台人員提供關於選擇考科的建議。

研究各類科考古題

另一個關於選擇公職類科的建議是由考古題著手：例如筆者是理工類機械系，當時決定類科時，即前往考選部網站（網址http：//www.moex.gov.tw/）的「資料開放專區－歷年考畢試題」查詢，瀏覽各個可能報考之類科的考古題，從中選擇自己較有把握之考科，才是在最初即增加勝算之不二法門！（考選部網站之申論考古題沒有解答，故亦可至各大補習班網站查詢有詳解的考古題，更可以瞭解此考試學門自己是否能應付。）

考慮各類科錄取率

最後一招為從錄取率下手：Google搜尋以下含空格的字串「公職 錄取率 類科」，比較各可能報考類科的錄取率與歷年開缺名額。

或者到考選部網站取得最詳盡的資料：「考選部網站－考選統計－各種考選統計」，即可查閱各類科歷年錄取率與名額。

錄取率放在最後才介紹，因為它跟其他考量因素比起

來，不是最重要的，除非錄取率有差到十倍以上，否則建議先考慮其他因素，因為就算最後選了錄取率低的類科，學會筆者的讀書方法後，相信你會大幅提升考取機率。

良性循環

一句老話：「選你所愛，愛你所選。」能直接準備考試的社會人士歡迎進入下一章節；學生則請由未來所欲從事行業，回推現在所需就讀科系，例如未來欲從事社會行政工作，則現在可選擇就讀與其相關的社工系或社會系。

切記！不要像平凡人一樣先求學再找工作，應該反過來先打聽工作再讀書！

　　筆者在此分享自身對讀書考試的看法：應該要先有強烈的讀書動機，若再擁有良好的考試技巧，相信能提升考試成績，進而有成就感，更能增強讀書動機並進入良性循環。

排定完美讀書計畫的三大步驟

流淚撒種的，必歡呼收割

（馬太福音7:7）

列出所有正規課程

　　西哲荷拉斯曾言：「好的開始是成功的一半。」（Well begun is half done.）有目標後，如何持之以恆執行非常重要，有太多考生有考試的想法，卻因為無法持續讀書而放棄，非常可惜！

　　有鑑於此，這邊便以參加補習班函授課程為例，介紹讀者如何規劃與使用讀書計畫表。基本上，剛決定要考試時是最有動力的階段，如能在此時使用讀書計畫表，可幫助養成讀書習慣，其將是你最可靠的戰友，扶持你走過往後的讀書低潮期。

　　下表為筆者準備國考時實際使用的方式示意（若想下載相關檔案，請詳見封面折口內頁）。如下表第一列處，

列出所有社會行政高考三級的考科，可將課堂量較少的共同科目（公文、作文等）與負擔較重的專業科目（行政法、社會學等），以不同顏色標示，以利後續安排。

為了更清楚各科比重以安排計畫表，可把該科有幾堂課輸入第四列（補習班每次上課是三小時，中間休息一次，如此上下堂共算兩堂課），有幾片函授DVD輸入第五列，再計算各科目課堂占所有課堂數之百分比於第三列。

▌讀書計畫表──科目示意

	公文	作文	國文
	志光 超級函授	志光 超級函授	志光 超級函授
比率	1%	3%	3%
課堂	4	8	10
DVD	1	1	1
預計完成	三月	二月	三月

估計各科所需時間

請讀者花幾天時間嘗試每天約以九成的力道讀書，並記錄如此一天下來實際總讀書時間，以及可完成幾堂補習班函授課。

以筆者為例，全職考生每天早中晚各可上一堂，一天可上完三堂課（包含把該堂做好筆記，筆記勿事後補做）。有了一天可上三堂課的數據後，可算出三百堂的函授，約需一百天完成。

科目分配上建議分早中晚三段，一天讀二至三種科目。理科與文科應安排在同一天輪流讀，以減少疲累感，例如早上文科、下午理科、晚上文科；若都是理科或文科，則可將自己喜歡與討厭的科目安排在同一天，以增加學習興趣。

規劃好各科的配對順序後，可由每天消化三堂課的速度，估計出各科預計完成月份，在計畫一年上榜的前提下，請要求自己在100天頂多到120天內，將所有的函授教材上完第一輪。

製作並執行計畫表

在你的讀書計畫表上把高考、地特日期以不同顏色標出，另找其他顏色標示出大考前的總複習時間。

執行讀書計畫表時，建議每天在睡前自評：視當天完成的堂課數或早／中／晚的認真程度打分數以自我警惕。若出外半天未讀書，則將該天標示為淺灰底，若長假出遊則標深灰底。以上做法均是用來鞭策與提醒自己，當看到

讀書計畫表——日期示意

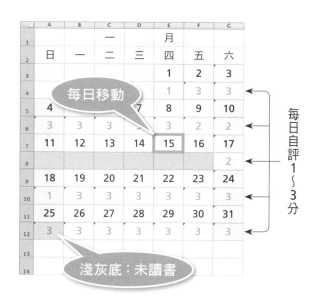

自評分數太低或灰底出現太多次時，多加警惕自己。

此外，也可使用加強型的計畫表：每個月一張，考慮上述所有科目預估完成的時間後，將週一至週三需讀的進度全列至週三欄位，以3天為一個單位完成一個整體目標，例如：民法DVD1第六到八堂課。

不每天安排進度，是因為太耗時而且會變得完全沒有彈性。週四至週六則以同樣方法類推，週日不要安排進

加強型讀書計畫表之示意圖

日	一	二	三	四	五	六
製作時			1.民法DVD1 2.國文DVD 1〜2			1.民法DVD2 2.國文DVD 3〜4（完）
			1.民法DVD3 2.社會工作 DVD1			1.民法DVD4 2.社會工作 DVD2

週日不安排　　將三天合併填寫　　　　將三天合併填寫

日	一	二	三	四	五	六
使用時			1.民法DVD1 2.國文DVD 1〜2			1.民法DVD2 2.國文DVD 3〜（完）
			1.民法DVD3 2.社會工作 DVD1			1.民法DVD4 2.社會工作 DVD2

畫除經過的日期　　　　　　　　畫除讀完的進度

度，一來好規劃計畫表，二來可彈性運用。

　　每天要畫掉經過的日子與完成的內容（所以週三結束前，要強迫自己讀完週一到週三的內容，週四到週六類推），若進度超前，則可繼續往前讀，並給自己小獎勵。雖然規劃如此較具體的計畫表時較花時間，但在執行上會更有約束力。

　　曾國藩有句話說得好：「用功不求太猛，但求有恆。」國考是場馬拉松，能穩定的以自己步伐往終點邁進者，一定能成功。

全職考生與兼職考生
的作息時間規劃

懶惰人羨慕，卻無所得；殷勤人必得豐裕

（箴言13:4）

全職考生的作息建議

下表是筆者準備考試時的實際作息，一天分早、中、晚三段，正式讀書時間為12小時，外加非正式讀書時間1.5小時。

首先建議早睡早起，可每日提早10分鐘入睡來養成早睡習慣，並以科學家之建議睡足7小時即起床，對記憶力及健康均有所助益。

其次建議不論是起床後的刷牙盥洗、通勤、運動，均可洗腦式的聽錄音筆記；也推薦大家利用吃飯時間背單字或佳句，時間一久，累積的字庫會非常可觀，對於申論題／作文的分數提升大有助益。

▌全職考生作息參考表

時間	作息	附註
05：00	起床	又是變態記憶術＋聽到吐錄音筆記＋科學管理的一天
06：30	盥洗	邊做事邊聽錄音筆記
	讀經禱告（30分鐘）	從箴言開始，每天讀一章聖經
	吃早餐（30分鐘）	邊看新聞：背單字／名言錦句
	上午複習 4.5小時	中間休息半小時
12：00	吃午餐＋睡午覺	午睡35分鐘，前5分鐘聽錄音筆記
13：30	開始下午科目 4小時	中間休息半小時
18：00	吃晚餐（30分鐘）	邊看新聞：背單字／名言錦句
	晚上科目 3.5小時	中間休息半小時，洗澡20分鐘
23：00	就寢	P.S. 一天下來3段正規讀書共12小時，非正規讀書約1.5小時

兼職考生的作息建議

　　筆者推薦有工作的兼職考生可改為執行以下作息表，若如前所述，全職考生一天可讀三堂（段），兼職則一天要強迫自己讀到一堂的量。兼職考生的重點為：五點起床！因為工作操勞一天後，實在不是好的讀書時機，所以請把大腦的黃金時刻留給自己。

　　其次請抓緊任何通車時間背口訣、聽錄音筆記；開會時也可帶筆記小抄偷偷複習。最後提醒讀者：早點下班！強迫自己提高效率並有所取捨，每天只將「重要的／急迫的」工作任務做完即快閃下班，因為花少許力氣即可將工作做到及格，但卻要花極大努力才能將其提升到讓老闆滿意，而那對考國考來說是沒意義的。

　　既然決定要考公務員就要有魄力，即使會變成老闆眼中的黑名單，也請務必每天準時下班！

兼職考生作息參考表

時間	作息	附註
05：00	起床	大腦黃金時刻請留給自己，所以早睡早起
07：30	讀書	讀1.5小時後出門
08：00	到公司	通車1小時，在車上吃早餐
	上班	桌上／筆記本／隨身資料……都偷放小抄，抓緊任何機會背誦
18：00	下班	工作目標有做完就趕快下班
19：00	通車	通車時背法條／聽錄音筆記
	讀書	晚上讀書，這樣一整天下來可以上一堂函授
22：00	就寢	這樣一整天下來真的累了，睡吧

不同個性考生
的讀書技巧

凡通達人都憑知識行事

（箴言 13:16）

認真型考生

　　若環境許可，首推在家讀書，我考上後，其實非常懷念整天與貓窩在一起讀書的時光。在家讀書的好處是，所有讀書物品隨手可得又省時，缺點則是容易受外在干擾及不易長時間專心讀書。另外在家夏天時可不必為了訓練耐力而不開冷氣，因為7、8月舉行的國考是有冷氣的。

　　若外在干擾源為Facebook、Line、上網、電視等誘因，請記得改善環境，與誘因保持適度距離。例如停辦手機網路、勿置放手機於唾手可得之距離、設定Line為不隨電腦開啟啟動、將Line與Facebook的提醒關閉等，最後請將手機／手錶設整點提醒，每讀1小時才能休息5分鐘。

　　不斷輪替讀書內容與場所，則可幫助長時間專心。所謂輪替讀書內容，意指每天接觸二至三科，切勿整天讀同樣的科目，並且可將函授、補充教材、題庫等不同資料交替閱讀。

　　輪替讀書場所則指不要全天都在書桌拚命，有時可在家中邊走邊讀，或是有時到沙發上變換讀書姿勢。我每天會固定躺在沙發上兩次，以手機做線上選擇題庫來轉換心情。若讀久遇到撞牆期，怎麼都無法繼續拿起書本，建議考慮進度後，放自己數天的假，放假放到無聊後，自然就有動力要回去面對現實。若真的還是提不起勁讀書時，想想看，十年後的自己會在哪裡？應該在哪裡？

隨興型考生

　　若在家無法認真讀書，建議必須去圖書館／閱覽室等專門設計為讀書用途之環境，待可靜下心時再轉回家中。通車時間請在路上聽錄音筆記彌補，並切忌離開座位時，將包包、筆記留在座位。圖書館竊賊都會直接把包包背走，帶去廁所等隱蔽處再搜刮財物。不要覺得不可能，假使你回到座位發現經年累月寫出的筆記被拿走，大考在即，你該怎麼辦？筆記是考生的第二生命，請善加保護。

　　到外面讀書，無非是因為在家無法專心，但由於仍會有他人走動、講話等噪音，希望你最後能練到心如止水，勿輕易受他人影響而抬頭觀望。我曾在高考時簡單觀察附近考生，並將其准考證號抄下，果然下課滑手機或容易分心抬頭者均落榜，考取的則是下課時仍穩健讀書的考生。

　　最後分享一個專心的秘訣：把分心的事情轉為必勝決心之動力！可在手機或紙張寫下「考上後的清單夢想」，將那些讓你分心，蠢蠢欲動想去做的事情全都記進去，待考上再去完成。如此一來可克制分心的念頭，二來可增強考取的動力，一舉兩得！

讀書道具參考

隔絕噪音干擾

在家讀書有些許噪音時，可使用隔音耳罩。當處於家人講話、選舉造勢、廟會等極大噪音環境時，則可再多搭配手機上的腦波相關App克服干擾。當戴上耳塞式耳機播放這些腦波音樂，外面再罩上隔音耳罩，將可戰勝巨大噪音。

免低頭書架

長期低頭苦讀的考生無不被肩頸痠痛苦惱，解決辦法是讓書本與平視之視線等高。可用盒子架高看書書架及檯燈，如此不須低頭的坐姿，可有效預防肩頸痠痛困擾。使用看書書架的另一好處是，可不用手扶著書本，我連去考場都帶著書架，方便一手進食，一手翻書。

痠痛治療用品

一般的藥膏、貼布、熱敷包，已是考生必備品，我要特別推薦立式紅外線熱敷燈與低周波治療器，兩者可由網路或醫療用品店購得，是物理治療所或中醫診所常用之器材。低周波治療器我更是帶去考場，利用下課時為與申論題作戰的右手進行電療。

第二章

千里始於足下

老子《道德經》：
合抱之木，生於毫末；
九層之台，起於壘土；
千里之行，始於足下。

我們大多數的人都不是那1％的天才。除了搭配筆者分享的記憶術外，想要考取，唯勤是岸，本章將帶領讀者一窺其中各環節注意事項。

按部就班
報名補習班正規課

> 驕傲在敗壞以先；狂心在跌倒之前
> （箴言16:18）

從一般經驗來看，除非是天才型的考生能完全靠自學，或者先前是本科系並已頗有心得，否則大部分人還是需要尋求「好的」補習班打底，以下便由介紹補習班正規課開始本單元。

選擇補習班與上課方式

不同補習班最重要的差異是老師，至於費用多寡、離家遠近等倒是其次，能考上一切都值得。好的老師帶你上天堂，不會教的老師絕對會讓你痛不欲生。選擇老師前，除了上網打聽外，最好能實際旁聽或請補習班調出一段先前上課錄影，確認該老師上課方式與所使用之教材，是否清晰易懂並符合自己的需求；相對的，若遇到完全照唸課本或不知所云者，建議千萬要避開這類「地雷老師」。

　　我的正規課以函授方式完成，特色為在家學習，優點為省去通車時間、上課時間取決於自己，並可加速、暫停或重複播放授課影音內容，課程還可在考取後拍賣售出。缺點則為單打獨鬥、不適懶散型考生，而且偶爾上課影片的錄製品質不佳。

　　至於「考前總複習班＋申論寫作班＋選擇題題庫班」的三合一課程，我則以VOD方式完成：其可上課時間會比函授寄來家裡的時間提早兩週左右，除了要通車至補習班學習外，其餘優缺點類似函授。

上課的建議

　　不論選哪種上課方式，有幾點建議：

1. 若補當年度課程，會有開課進度緩慢的問題，可能會發生上完這堂課，但下堂課卻遲遲未開的窘境，打亂一百天要上完第一輪課的計畫。所以當時函授的正規課程，我是買前一個年度的教材，好處是便宜又一次就可取得所有課程資料（但有修法差異時，請記得要自行修正），而考前總複習班則補當年度的，因為每年的考試趨勢都不一樣。

2. 建議看函授或VOD時，可善用快速播放功能，這功能不同於快進，而是以超過100％的速度播放，通常可設

1.2x至1.4x播放，遇到不懂或極重要的地方，再恢復
1.0x速度。

3. 以筆者運用VOD的經驗，雖然補習班老師很會教，但
工讀生卻常出錯，例如沒通知上課延期、漏給教材、登
記錯課程、搞丟作業，以及到班後才知道沒VOD檔案
等狀況罄竹難書。所以為了你的寶貴時間，每次上課前
請記得事先與工讀生確認檔案、教材是否均已備妥。

選擇正版或盜版的教材

1. 盜版其實沒有比較便宜，上榜後也無法二手販售，沒
有保值性，而且整套買下來再加影印費，比買二手正
版還貴。

2. 盜版教材年份陳舊，知識就是考生的武器，請勿拿陳
年弓箭對抗其他考生的新型步槍。

3. 盜版表裡不一，例如寫103年，結果買來卻是96年，
而且裡面的PDF檔書籍缺漏很大，影片部分的缺漏或
損毀比例也很高。

4. 盜版犯法，補習班老師大都用心教學，買盜版會覺得
對不起他們，帶著罪惡感去考場不是好事。

5. 時間就是金錢，若因省錢買盜版而重考，其實非常不
符合成本效益。

博覽群書
加強補充教材

認識至聖者便是聰明
（箴言9:10）

胡適曾道出一句藏諸名山之語：「為學當如金字塔，要能廣大要能高。」此話可謂國考聖經！

「要能廣大」，意指現在高考尤其是地方特考的出題範圍非常廣，只靠補習班正規課的內容，分數不足以出類拔萃而鶴立雞群，應該要額外進行補充教材加強；「要能高」，即指高深，首先代表考生必須對考科鑽研，才能在申論題提出鞭辟入裡的獨特見解。

其次，筆者賦予「高深」的第二層含意：不只學問，記憶力也要高深，請使用記憶術將標準答案牢牢的記住，直到考完的那一刻！

雖號稱博覽群書，但國考要精打細算，筆者絕不會建議你什麼都讀，浪費時間又浪費錢，不要做不符合投資報酬率的事情！推薦你僅讀以下兩種類型的補充教材：

題庫書的選擇

題庫書指的是有考古題庫，並有老師詳解的書籍，挑選時可參考網友推薦的各科必讀題庫書。此類書籍對申論題尤其助益良多，原因在於：

1. 有考古題庫：可得知出題範圍與趨勢。

2. 有老師詳解：可幫助揣摩申論題如何作答。

3. 同時具備題目與解答：可訓練看題目抓答案的功力，並能迅速閱覽大量題目，還有標準答案可直接背下。

聰明使用題庫書的方法

除了自己做的筆記外，我習慣其餘教材一律不讀第二次，因為這樣才有時間廣泛閱讀。所以各科我會至少選一本題庫書整本精讀，看完題目後，思索可否由筆記內容回答，若題庫書的解答別出心裁，則可將其大標題與佳句謄入筆記對應章節，作為標準答案背下。

流程如右頁圖表所示，筆記則使用記憶術幫助背誦。

做筆記時，除了寫下標準答案作為大標題外，擬答若有值得學習的名言佳句、背景數據，或在各標準答案下，有需記憶的關鍵內容，也應一併抄至筆記內。

請留意被標出須記到筆記的內容，其共同特色就是

題庫書的使用方法

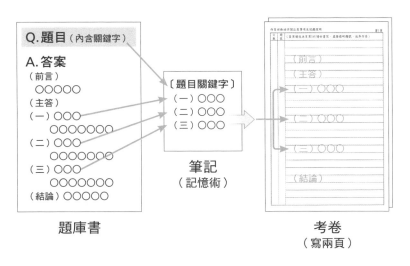

「精煉」，所以需練習去蕪存菁，不可將所有內容全抄到筆記中，才可節省時間又能方便記憶。

　　題庫書雖好，但需留意申論一題即便寫滿兩頁，也只能擠入八百字，絕不可能把老師的擬答全數謄入。所以建議讀者需額外報名申論寫作班，練習如何將所學濃縮在八百字的答案內。

具指標性的書籍資料

各科均讀完一本題庫書後，建議應至少再讀一份老師或網友一致推薦的權威性書籍、期刊或網站。例如我看新聞時，會留意是否有相關時事，或是去圖書館借閱最新的「社區發展季刊」（此書為推薦社會行政類科之補充資料）。

建議大家先讀題庫書，是因為許多題庫書的標準答案其實也是來自這些權威性書籍或期刊，並且題庫書比這些資料更直接告訴讀者考點所在與如何作答。

不過仍需讀各科相關資料的原因在於，讓自己廣泛閱讀並能使用資料裡的內容回答，被扣分的機會低；最後也最重要的理由是，從這些資料的出題機會高，因為作者多為學術界泰斗，作者本人或其學生均非常容易入圍出題。

念這些指標性的必讀參考資料時，我不會讀第二次，所以在第一次閱讀時，即要訓練「看題目抓答案」的功力。當閱讀到自己筆記中有疏漏的地方，照樣將關鍵字與標準答案抄至筆記中。

另外需留意有些國考出題老師會專門考其著作的最新版與上一版的差異處，所以我建議這類參考資料需買最新版的。考上後，這些資料在網路上很好賣，不須跟自己的成績過不去。

考古題
練習有技巧

你們要愛惜光陰

（希伯來書4:5）

利用線上網站練習選擇題

　　我曾親身使用阿摩線上測驗（https：//yamol.tw）練習選擇題，覺得非常好用，在此推薦給仍在考海的朋友，以下介紹我使用的方式。

註冊

　　由於阿摩使用臉書登入會在動態時報貼文，所以如果不想讓人家知道你的動態，可以選擇使用電子信箱註冊。

設定考試和科目

　　首先，設定自己的考試與想練習的科目。以我為例，考試設定社會行政高考三級，科目則設定行政法、法學知

識（包括中華民國憲法、法學緒論）、法學大意。

　　若為高考、地特三級，不建議練習國文及英文，因為其選擇題所占分數低，而且語文類的出題範圍根本就沒有範圍。故高考時，我的國文、英文科目，僅以腦海中殘存的記憶，並輔以選擇題應答技巧應付。

練習項目

　　建議使用「循序漸進」的功能練習，此功能會由易至難，讓你循序漸進練習近年的所有考古題。考試結束後，阿摩會告知分數與排名，讀者可參考阿摩題目下方的最佳解或參與討論，若將該題收到個人題庫，還可持續收到討論串回應通知，非常便利。

練習方式

　　我每天早上與下午均會上網各做一次阿摩測驗，早上做行政法，下午做法學知識。做題目需耗點數（Y幣），若沒購買VIP的讀者，則可由打卡功能免費獲得點數。

　　通常各考科約各有五千題以上的考古題，所以須趁早做題目，才能做完所有的選擇考古題。建議正規課上完就該安排考古題庫練習，一天兩次，每次二十五題，並使用以下方法，確保能在考前做完一輪！

跳編號練習

- 阿摩編號越小的越簡易，每個編號內含二十五題。
- 我練習時從第一級（#1）開始，只要拿到「100」的滿分，下次即將等級增加「10」再挑戰，以免浪費時間在太簡易的題目上。等到編號增加到一定程度，會發現沒辦法每次都拿滿分，每次增加的編號數就必須適度遞減。
- 由於每個試題下方都會標示難易度，做到中高難度以上又無法每次都滿分時，則應不跳編號的練完剩下所有題目。
- 試題難度簡單或適中的也有練習價值，所以建議不要只練習最難的題目。因為理論上，國考中出題的難易程度呈現常態分布，亦即最難與最易的題目比較少，難易適中的最多。

挑戰目標

　　阿摩線上測驗會自動計算作答速度、猜答能力、答題準確力、測驗恒心、努力程度等數值，但我認為在阿摩裡最重要的指標是「能力值」，因為當答「對」難度越「難」的試題時，能力值就會越高，這個就是考生最重要

的目標。下面解釋如何判讀阿摩能力值，請努力提升能力值，設法讓自己更強吧！

阿摩能力值

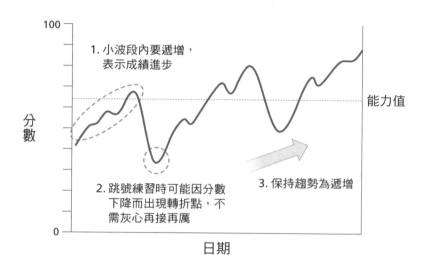

複習方式

正如我讀書的習慣，一本書不讀第二次；在阿摩測驗中做錯或猜對的題目，我也不會花時間做第二次練習，而是用補充教材的角度將其標註到筆記內複習。這點很重要，要一年考取，需要在最短的時間內讀得廣、記得深。

申論題的練習要點

　　阿摩線上測驗適合練習選擇題，至於申論題，我改採以下方式練習：

　　有別於其他前輩推薦每科完整寫完一百題申論題的做法，我要分享自己的申論快速練習方式。基於「博大高深」的道理，我使用以下步驟練習：

各科尋找一百至一百五十題考古題

　　每個章節的題目最好都要練習到、不要練到太相似的考題，以增廣自己在題庫上的見聞。考古題集可由補習班取得，或在網拍上搜尋也可，當取得的題目太多時，就需依著「窮盡互斥」的概念進行刪減，其中「窮盡」指包羅萬象、應有盡有，「互斥」指各題目間不重複。

　　我有幸獲得上榜朋友整理的各科考古題電子檔，所以你若能有個無私的讀書會（線上讀書會亦可），將是考試資源的綠洲。

練習

　　我將題目如下頁圖方式印出後，即在留白的答案區以簡易答題架構回答。例如題目如果問「擔保物權有哪

些」，我則會在此寫下之前記憶術口訣的「留置押質」或其他相關資料、答題方向等，並如下圖標示大小標題的題號，即（一）、（二）、1、2……，以成為實際能搬上考場的答題架構。

　　如此只寫出答題架構可幫助複習，並有助於記憶，能讓讀者在考場上審題時一看到關鍵字，心中就立即浮現出全篇的答題方向。

申論題快速練習方式舉例

題目區	答案區	題目區	答案區
Q1	A1	Q6	A6
Q2	A2	Q7	A7
Q3	A3	Q8	A8
Q4	A4	Q9	A9
Q5	A5	Q10	A10

僅以簡易答題架構回答：
簡易口訣、心得、學者名言等

Ex:
（一）
1.解釋函示→行政規則→命令
2.程序
（二）
1.生效時點
2.可針對VA訴願

申論題目練習
（A4紙）

答案區填寫方式

訂正

做考古題的好處是，可以在網路上的補習班擬答，或是在題庫書中找到參考答案，若有錯誤可用紅筆訂正，若有可補充的見解、記憶術，則可用其他顏色的筆加註。

複習

最後將訂正後的練習使用循環複習的方式複習，加深讀者在題庫上的記憶。

以上方法的好處是節省練習時間，並且方便複習又易於記憶，因為就算練習時乖乖地把每題完整寫完，沒過幾個禮拜，你一樣會忘得乾乾淨淨！

這個方法唯一的缺點是無法練習到申論題的文筆與寫字速度，此缺憾則建議以參加每一次的大考練習與報名申論寫作班的方式彌補。

完善利用
申論寫作班的教材與師資

敬畏耶和華是智慧的開端
（詩篇111:10）

快速練習申論題後，建議可以報名申論寫作班，藉由讓老師批改你的作業，修正錯誤觀念並提升作答技巧、思考邏輯與文筆。

申論題短短八百字內，不僅要回答正確，還要答得巧。要答對不難，廣泛瀏覽考古題後，再使用記憶術背下標準答案即可；但一樣是八百字內容，要如何精煉文字以答得巧？以下分享我參加申論寫作班時的練習要點：

練習數量的拿捏

不同於前面所提每科找一百到一百五十題，僅寫答題架構的申論快速練習方式，以考四題申論題的科目而言，這邊則要每題完整寫出兩頁的答案。由於如此完整練習方式極其耗時，我建議不要多，僅練完老師的作業即可，在

高考上榜前，我也僅以地特還有申論寫作班的作業做申論題的完整練習。

作答方式的運用

　　由於練習數目不多，建議翻開書本作答，把各次作業均寫到最好再交出。在考場時，每題約只有25分鐘作答，故翻開書練習時，要盡量讓自己能在35分鐘內完成一題，多出的10分鐘在考場則有賴腎上腺素協助趕工。

　　由於補習班收作業後是寄給老師批改，因此我會把任何有關申論題的做答技巧疑問，全寫在答案卷空白處一併請教老師。讀者需留意補習班工讀生可能會把作業弄丟，所以交作業前，記得拍照或掃描保存。

練習預估分數

　　每次交作業前請幫自己評分，一來練習預估分數，二來才有進步指標。我的方法是在申論題滿分25分情形下，全會並自認為寫得很好，得20分；感覺還算普通並有寫滿，得10分；幾乎完全不會，但有盡量寫到滿，得5分。

　　作業回來後，再看老師給的分數剩幾成，最後我會將以下資訊記到「讀書計畫表」，以統計追蹤自己的實力是

否進步。

　　下表欄位我在申論作業部分列了科目、作答所花時間、自評分數、實際分數，並把自評分數／實際分數得到「老師給的分數剩幾成」，這指標可在真正考試時協助預測是否考取（以筆者為例，平均要乘以0.7到0.75倍才是老師給的成績）。

申論作業估計分數

	A	B	C	D	E
1		K申	1st	2nd	3rd
2	作業科目	科目	工 1/22	工 2/24	工
3	本次所花時間	時間	35	60（開書）	50
4	自估分數	自估	20	20	20
5	實際分數	實際		9	
6	老師給的分數剩幾成	%	0.00	0.45	0.00

複習老師的批改處

　　我將老師批改的申論班作業、自己的筆記，以及申論題快速練習等三者，都使用循環複習不斷加深記憶，其餘看過的書本則不會再打開，把時間用在不斷充實新知識及複習關鍵的舊知識。

第三章

國考記憶術的
技巧運用

尼采：
人是不可限定的動物。

大家不要認為筆者可以考上高考記憶
力一定很好，相反的我健忘到不行！

特別分享這章國考記憶術與做筆記技
巧，幫助跟我一樣記性不好的考生。

▌記憶術思考流程圖

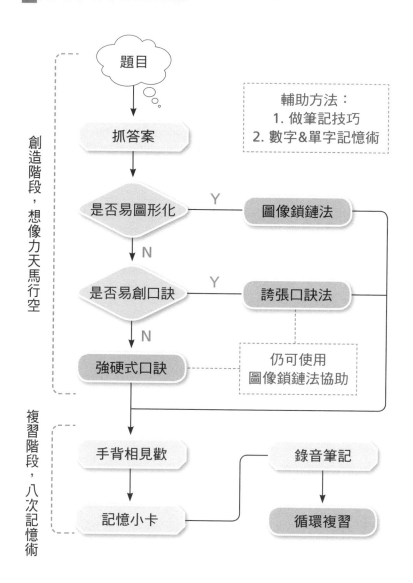

以圖形為上的
國考記憶術

惟有忍耐到底的，必然得救

（馬太福音 24:13）

　　首先，要使原本不熟悉的事物易於記憶，通常具以下共同特徵：鮮明的外表、特別的內容、圖形化、少量多次複習。

突出的外表

　　以下頁三張圖來看，B圖在加重顏色後，很明顯比A讓人印象深刻，C則利用加大圖形面積的方式，讓人更容易記住。

　　這點後續主要運用在本章的做筆記技巧與圖像鎖鏈法，實際操作時可運用不同顏色的書寫筆記、畫重點、繪製漫畫以加深記憶。

以鮮明的外表加深印象

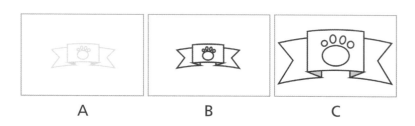

A   B   C

特別的內容

　　「內容」不同於前項的「外表」，而是指所含的意義或精神。例如 D 圖的笑臉符號由於常見，必定易遺忘，改造後的 E 圖把笑臉畫成海盜旗，將其誇張化、新奇化，則有效於記憶。這點在之後的圖像鎖鏈法、誇張口訣法、數字記憶術都會用到，請激發想像力，盡可能創造出稀奇古怪、自己看了都會笑的圖形以幫助記憶。

賦予「誇張化」的含意

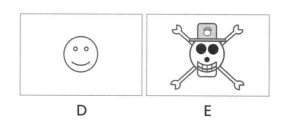

D   E

文字圖形化

人腦有分右腦與左腦，用文字記憶會使用左腦，而創造、圖形記憶則使用到右腦。使用右腦（圖形記憶）比左腦（文字記憶）多了以下好處：腦內訊息可高速處理不須轉換、總記憶容量大較不需捨舊納新，而且上述優點可透過訓練不斷強化。

既然講到圖形化，那當然得用圖形舉例：請問以下兩個框中的內容，何者既可迅速讀入腦中且較好記憶？

▌將要記憶的文字圖形化

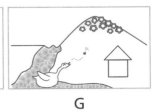

我家門前有小河，後面有山坡。
山坡上面野花多，野花紅似火。
小河裡，有白鵝，鵝兒戲綠波。
戲弄綠波，鵝兒快樂，昂首唱清歌。

　　　　　F　　　　　　　　　　G

你應該也跟筆者一樣選G。而且不要忘了F的文字是大家早就耳熟能詳的，且G的圖畫在讀者看來是黑白的（為了鮮明的外表，我筆記都畫彩色的），G在如此不公平的條件下還能贏F，由此讀者應該知道彩色漫畫筆記對

記憶力有多大的威力了。

　　圖形化是記憶術基礎,在本章各節會示範圖像鎖鏈法怎麼靈活搭配其他方法,發揮一加一大於二的力量。

少量多次複習

　　藉由重複的方式,明顯使人更能記住所要記憶之事物(這邊實際運用是指重複溫習,不是把同樣的漫畫繪製成很多個)。它的最大要訣是要有規劃的少量多次複習,如此能將短期記憶轉為長期記憶。因記憶術與複習技巧的許多內容具相關聯,故在要進入下一章之前,請務必將本章的各項技巧熟悉,如此複習起來將更得心應手。

少量多次複習

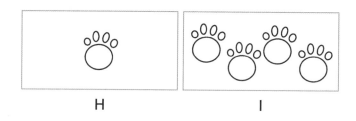

H　　　　　　　　　　I

　　介紹完基本概念後,以下將循序漸進的分享各種記憶術技巧;明瞭各種基本記憶技巧後,筆著將大量舉例說明如何靈活運用各項技巧來通過考試。

讓完美筆記
成為最佳戰友

這些事你要思考，要全神貫注，

好讓人人都看出你的長進

（提摩太前書4:15）

　　一份好的筆記會是你在考試路上的最佳戰友，完成後請小心保護。從使用工具、撰寫內容，甚至到製作的方法，都可能影響筆記成效。以下請見筆記相關訣竅分享。

筆記本的格式

　　我習慣使用A5大小，每本四十頁，有橫線的筆記本（切勿用A4紙抄的東一張西一張），以高考社會行政而言，每科通常需要一至兩本筆記本。

　　為方面快速找到各科筆記本與各章節內容，我會將筆記本的封面上註明科目名稱，並在各大章節貼上彩色側標籤，最後在筆記封面四周以透明膠帶反摺包覆以防受損。

寫筆記的工具

　　每個人做筆記的習慣不同，有的人喜歡手寫，有的人為了易於閱讀，講求美觀，會在記好重點後，以電腦打字。我則使用手寫筆記而非電腦打字，理由在於：

1. 手寫本身即在練習手感，而且在抄寫過程中可幫助記憶。
2. 電腦雖然打字快，但在排版、調整顏色方面較手寫費時。
3. 打字後就算彩色印出，讀起來還是沒有書本在手來得有感覺。

　　不論你最後選電腦打字或是手寫筆記，提醒你一定要勤加備份以防萬一，電子檔可上傳到雲端，紙本則以拍照或掃描方式備份。

　　至於寫筆記的筆，至少要購買紅色與淺藍色作為畫記用途，若能各種顏色都有更好，在標示上就可以更清楚，後續處理圖形記憶時，也能獲得更好的效果。

強化筆記內容

　　國考筆記是非常重要的，筆者推薦藉由下圖的步驟強化筆記：先以完整抄寫補習班正規課板書為主，後續接觸

補充教材時再以「看題目抓答案」的方式補充，於複習時，一邊創設記憶術，一邊循環複習。

各階段筆記技巧

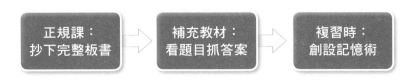

正規課：
抄下完整板書　→　補充教材：
看題目抓答案　→　複習時：
創設記憶術

　　上補習班正規課時，除非老師講授的內容重複或是實在太過簡單，否則應盡量將老師的板書全部抄入筆記；至於補充教材請僅抄入補習班正規課內容所缺少，並經判斷將可能成為考題的部分。

　　此外，抄寫老師上課的筆記時，強烈建議一次到位、當下完成，盡量不要錄音起來再慢慢後補，否則極可能更耗時並有遺忘風險。

上課筆記的製作與應用

1. 位置分布

　　可分為以下三區（請參照下頁圖）：

（1）一般抄寫區：主要用以抄寫補習班正規課程。

（2）補充區：補充教材或考古題有相關內容時，補充至此。

（3）心得與記憶術區：以自己理解的方式寫下心得，或加上記憶術漫畫及口訣。

　　若不喜歡如上列的「筆記版面配置」切割筆記頁面，也可在抄寫時，每隔幾個題目便留一些空間，方便往後新增內容與加入記憶術。

筆記的記錄方式示意

筆記版面配置

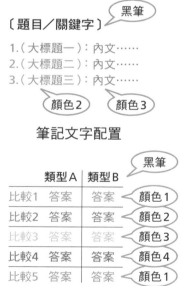

筆記文字配置

筆記表格配置

日後若發現預留空間不足，則可用便利貼擴充書寫空間；如果遇到需要大量複製抄寫的補充教材，可影印該頁後浮貼於筆記本；若有需要熟讀的法規，則可購買法典或自行列印裝訂（重要法條也要納入日後循環複習的範圍）。

2. 顏色

如果可以，將筆記做成彩色不但可幫助記憶，並且美觀又方便瀏覽。

（1）題目或關鍵字：題目或關鍵字使用黑筆。

（2）大標題／內文：分別使用第二種／第三種顏色的筆。建議其中一種為藍筆，高考時，我的內文即使用藍筆書寫。由於紅筆、淺藍筆各有複習或記憶術用途，所以基本上一般書寫時，我不會使用這兩色，以做區分。筆記中的最重點我會以紅筆畫線，次重點則以淺藍筆畫線，心得／口訣也以淺藍筆書寫。

畫線部分建議使用可重複擦拭／書寫的魔擦筆，未來在使用複習技巧時，將非常有幫助。

（3）做表格：同一橫列使用相同的顏色，並且與相鄰兩列要使用不同的顏色，如此可幫助複習，瀏覽時也不易看錯行。

(4) 記憶術漫畫：可運用各種顏色的筆，畫出既美觀又能
　　幫助記憶的彩色漫畫。

3. 標示

　　為了日後查找方便，建議筆記須加上標示：

(1) 頁碼：我習慣將筆記本右下角寫下頁碼，方便日後查
　　找，複習時並可方便安排各科進度。

(2) 來源標示：例如本處筆記內容出自函授的第一片
　　DVD，則在該處邊緣標示DVD 01；若是補充教材，
　　則寫上該書簡稱。

(3) 來源頁碼：若筆記是由書本抄來，每個小段落均標註
　　來源頁碼，例如p.96，日後若看不懂要回去翻書，如
　　此才能快速找到出處。

魔擦筆的優缺點

　　我個人做筆記時，偏愛使用0.38mm魔擦筆，其具有方
便擦拭及多種色彩有利記憶術運用的優點，主要缺點則
是稍貴且怕六十度以上的高溫，例如拿去使用雷射印
表機加熱後，字會消失（此時可放到冷凍庫讓字體回
復）；另一小缺點為，摩擦筆尾時不可碰到鉛筆字跡，
否則會髒汙，所以不建議筆記上以鉛筆寫字。

從不同的考題類型決定背誦技巧

聽從責備的，卻得智慧

（箴言 15:32）

　　補習班正規課結束後到考試前，讀者會從題庫書、各科聖經、選擇題庫、季刊文章，甚至突然在新聞聽到的相關知識，接觸到一切跟考試相關的訊息。

　　由於接觸到的資訊非常多，不能毫無保留的全數背下，應該只留下會考的，並且能背起來的「答案」。遇到無法理解的答案時，也要用記憶術硬背起來，通常以後就會懂了，而且至少考試時能複製到考卷上。

一開始只抓出重點

　　如何依據不同類型的考題和答案決定記憶的方法，不但關係到筆記技巧，還會影響到記憶術的運用，要注意的要點為「一開始只抓出重點」。

　　以筆者為例，我的筆記除了完整收納補習時老師的板

書外，其餘抄入的都僅為補充正規課之不足，故後續補充到筆記的內容，僅應是原本欠缺的「考點」。

記憶術雖然可幫助提升記憶能力，但腦容量跟筆記簿空間一樣重要，做筆記時僅記下重點，可減少複習時的負擔，自然使記憶術更能運用得游刃有餘。

抄入筆記中的題目

那麼，該如何決定哪些題目該寫入筆記中呢？

1. 若該題可由筆記中內容回答，除非題庫書擬答更佳，否則我不會特別再收納此題。

2. 若此題冷僻到不行，再考機率微乎其微，除非擬答尚屬可記憶，則背下預防；但若擬答又臭又長，完全不知所云，我會放棄該題，因為投資報酬率實在太差。

3.若本題既重要又為筆記所欠缺，則一定要納入筆記中。

從題目中
抓出重點答案記憶

智慧存在聰明人心中
（箴言 14:33）

選定值得新增的重點題目後，筆者實際抓答案之方式如下：以題庫書的老師擬答而言，主答的各大標題即為答案，就是申論題的答題骨架。

若為題庫書以外的補充教材，基本上找到的答案應該具以下特色：需能完整包含該題目所問的所有面向並且彼此無交集，例如有些答案或許由人、事、時、地、物這五個面向去回答，如此可完整包含所有的答案，面面俱到又不會重複。

如果收錄答案時，能將文字稍微調整，使其字數相等且詞性相同，相信更能獲取高分。

至於在筆記書寫部分，我建議可建立一套統一的筆記格式與配色習慣，既整齊美觀，複習時又容易找到重點且閱讀時不易勞累。

　　以筆者為例，會如下表先括號寫出題目或關鍵字後，底下再以寫申論題答案的方式，列出各大標題，並填入補充說明文字。而色彩習慣方面，建議題目／大標題／內文可建立自己的配色，例如題目用藍筆、內文用黑筆、記憶術部分用淺色筆等。

▌筆記寫法與範例

筆記範例（科目－作文）

如何提升國人素質

1. 重視國民教育：教育為立身之本，更為治國之策。
2. 弘揚倫理道德：修身、齊家、治國、平天下。
3. 擴大媒體功能：隱惡揚善，唯恐天下不亂。
4. 改善社會風氣：風行草偃，上行下效。
5. 重視國民教育：法律是一切人類智慧聰明的結晶。

國考記憶術的基本功：
圖像鎖鏈法

我有謀略和真知識，我乃聰明，我有能力

（箴言8:14）

前面曾提到右腦的圖形記憶比文字記憶多了許多優
點，而且就算使用到其他記憶術，也都能再使用圖像法輔
助，所以圖像法可謂記憶術中的基本內功心法。

圖像法三大要素

圖像法三大要素為記憶勾、圖形化、鎖鏈。

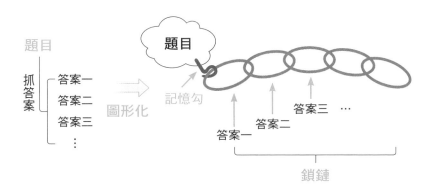

記憶勾

乃指題目要跟記憶內容（鎖鏈圖像）有關聯，如掛勾緊緊扣住，效果為一看到圖片，就能如鎖鏈有一整串的答案內容。最終上考場時，記憶勾則能讓我們一看到題目關鍵字，就想起標準答案。

例如睡前在大門手把掛上裝早餐的空袋子，就能在隔天出門看到空袋子時，提醒自己要帶冰箱的早餐，那個空袋子就具記憶勾的效果，亦即讓我們走到大門就想起早餐。

圖形化

P.67圖中的各個橢圓乃指將想背下的標準答案轉化為圖形，有幾個答案就有幾個橢圓，請如本章開頭所提，盡可能的誇張化、新奇化，並以彩色圖像繪在筆記上。

鎖鏈

圖像鎖鏈法彷彿連環漫畫，每個圖形就像是一個鎖鏈，彼此之間都要有劇情關聯，肩負著牽引出下一個圖像的任務。

▶ 範例

　　假設你今天要去「99大賣場」買水桶、小刀、潤滑油、碗、拖鞋，該如何在不寫小抄的狀況下，記住要買的東西呢？

　　首先想著你熟悉的那間「99大賣場」，接著想像超巨大的水桶把「99大賣場」罩住，這步即創造出「99大賣場」與水桶間的記憶勾，亦即一到賣場就將想到水桶。

　　接著連接其餘各物品的鎖鍊：水桶被小刀畫開，噴出潤滑油沖走了小刀，有個青花瓷碗從油裡冒出來飄著，碗被拖鞋像蟑螂一樣打扁。

圖像鎖鏈法示意圖範例

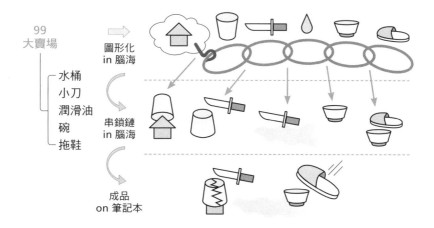

99
大賣場

水桶
小刀
潤滑油
碗
拖鞋

圖形化
in 腦海

串鎖鏈
in 腦海

成品
on 筆記本

　　所以當看到「99大賣場」時，記憶勾與鎖鏈法會讓你由水桶開始想出所有的物品。最後要做的是將連環畫的「成品」畫進筆記本方便複習，注意要如最底下的「成品」圖，將連環畫的每個環節都畫在一起，如此可節省空間與時間，而且複習效果較佳。

　　同樣的記憶術在生活中也能用於記憶人名，我的單位同事多達八、九十個，有必要使用記憶術以便盡快記住大家名字：只要以對方姓名、特徵與自己生活經驗或是諧音法聯想即可。

　　例如有位名為「孟樹」的同事，我使用圖像法將其臉龐與「夢樹」（夢到一棵樹）聯想，從此見到那位同事，則會想到他夢到一棵樹的畫面；另一位同事名為「諺丞」，則使用後面篇章會教到的口訣法，採諧音技巧變「嚥呈」，再想像他「吞嚥」加上「上呈」的動作，如此也能快速記住此同事名字。

　　下表為圖像鎖鏈法的三種類型，我將其依序排列，讀者使用鎖鏈法時，可依此順序思考。

圖像鎖鏈法的三種類型

思考順序	名稱	特色
1	基礎型	答案易圖像化時使用
2	無限延伸型	同上，若有必要時可不斷延伸
3	故事型	不方便繪圖時可以文字描述

基礎型：完全使用圖像法

此類型之特點為很容易將記憶內容圖像化，請見以下說明。

 範例

社工多元文化能力十項指標於2001年被提出，其為：倫理與價值、自我覺察、多樣化的工作能力、跨文化知識、跨文化技能、跨文化領導、多樣服務輸送、充權與倡導、專業教育、語言的多樣化。（出自《社會工作》科）

申論題的最高境界就是模仿：先借人骨架，再充以血肉。本書會介紹如何以記憶術背下的標準答案建構「骨架」，再以考試技巧長出豐富的「血肉」達到高分，這十個指標在申論題時就是答案卷中的大標題，也就是文章的

骨架，是閱卷老師給分重要依據。這十個指標內容由於容易具體化成圖案，於是使用以下步驟以圖像法來記憶。

技巧	記憶內容	圖形	記憶聯想
創設記憶勾	指標		首先在題目畫上手「指」與飛鏢代表指標，指標為本題記憶勾，以免背起這10個答案卻忘了它是要用來回答「指標」。
產生鎖鏈效果	記憶年份2001		此處以知名網站「Mobile 01」的小惡魔標誌代表01。將剛剛的飛鏢射往小惡魔，如此即產生鎖鏈效果。
連結鎖鏈	倫理與價值		畫一個社工躺在「輪」胎「裡」代表倫理。
連結鎖鏈	自我察覺		社工突然驚「覺」代表自我覺察。
連結鎖鏈	多樣化的工作能力		沒有像千手觀音一樣的工作能力（代表多樣化的工作能力），
連結鎖鏈	跨文化知識		所以他跨出輪胎做了三件事：先是地上一堆書的跨文化「知識」，

技巧	記憶內容	圖形	記憶聯想
連結鎖鏈	跨文化技能		馬戲團玩球的跨文化「技能」,
連結鎖鏈	跨文化領導		穿著超人披風領導的跨文化「領導」,
連結鎖鏈	多樣服務輸送		而他是在領導卡車「輸送」（代表多樣服務輸送）,
連結鎖鏈	充權與倡導		卡車送的是「充」氣氣球（代表充權與倡導）,
連結鎖鏈	專業教育		把氣球送給「老師」（代表專業教育）,
連結鎖鏈	語言的多樣化		這老師在教奇怪的外語（代表語言的多樣化）。

至此把十個答案用故事串起來，並具體化為圖像後繪至筆記。
此題答案其實先後順序並不是答題重點，所以讀者如果照順序不好想出故事關聯，可嘗試排列組合答案順序使劇情通順。

▶ 範例

　　一言以蔽之，身為公務員，應以○○為正鵠，為天地立心，為生民立命。誠如泰瑞莎修女所言：「在需要的地方，看見責任。」我希望將自己擺在社會服務的崗位上，為民眾的需要奉獻，成為光去散播愛，成為意志去完成責任。因為，每個人都有責任成為他那一個時代的燈塔！

　　這段文字是我平時預先寫出來，準備在考試時遇到相似的作文題型時直接背出運用，如此將有可能大大提高分數。至於背誦的方法，則可參考以下說明：

技巧	記憶內容	圖形	記憶聯想
連結鎖鏈	一言以蔽之		關鍵字我抓「蔽」，所以畫了一片葉子（亞當夏娃拿葉子遮蔽的概念）
連結鎖鏈	應以○○為正鵠		關鍵字我抓「鵠」，這字它是鳥字邊，所以畫一隻鳥。

技巧	記憶內容	圖形	記憶聯想
連結鎖鏈	為天地立心，為生民立命		這句話是北宋張載所說，音同「髒仔」，所以關鍵字我抓「豬」
連結鎖鏈	誠如德蕾莎修女所言：「在需要的地方，看見責任。」		這段直接畫出德蕾莎修女
連結鎖鏈	我希望將自己擺在社會服務的崗位上，為民眾的需要奉獻		關鍵字抓「我」，所以畫個代表我的人。
連結鎖鏈	成為光去散播愛		關鍵字抓「光」與「愛」，所以畫出發光並噴出愛。
連結鎖鏈	成為意志去完成責任		關鍵字抓「意志」，聯想到卡通火影忍者裡面火的意志，所以畫一個忍者的護額。
連結鎖鏈	因為，每個人都有責任成為他那一個時代的燈塔！		關鍵字是「燈塔」，畫一個燈塔。

　　想出每句話對應的漫畫後，實際畫到筆記上時，需以鎖鏈法連接個張圖：一片葉子遮蔽一隻鳥，一隻鳥牽著一隻豬，豬咬著泰瑞莎，泰瑞莎摸我的頭，我噴出光、噴出愛，愛掉到忍者的護額上，護額飛到燈塔上。（未來複習法中的錄音筆記就可以錄這幾句話）

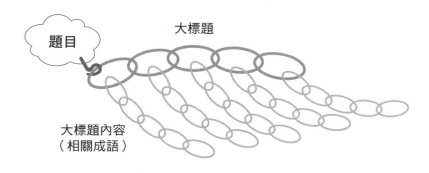

無限延伸型：不斷延伸出去的圖像

　　如下圖所示，圖像法的優點在於各鎖鏈都能再延伸出自己的小鎖鏈，請見以下範例。

圖像鎖鏈法的每個鎖鏈
都能各自延伸出小鎖鏈

題目

大標題

大標題內容
（相關成語）

▶ **範例**

如何提升公務員操守？可由此五大面向努力：弘揚倫理道德、重視國民教育、擴大媒體功能、改善社會風氣、加強法治意識（出自《作文》科）

寫作文時，第一段為「起」，須由正反面論述強調主題重要性。第二段是「承」，舉實例故事陳述，先敘後議。全篇作文的精華則在第三段，務必詳加論述。

本題為「HOW」的作文題型，只要是這種題型均可由預先備好的五大面向作為作文第三段的大標題。

若能背下字數相等、詞性相同又完整包含該題目所觸及的五大標題，再加入些相關成語，光第三段就可寫到兩頁，而且保證言之有物，作答起來非常輕鬆。

但為防所有讀者都把這五點背下使閱卷老師起疑，建議稍微抽換成自己找的資料。

記憶方法

首先，背下五大標題：一個儒生坐在「輪」胎「裡」讀書（即倫理與道德，讀書則是國民教育），結果有「媒體」來採訪（擴大媒體功能），「警察」來把記者趕

走（加強法治意識），警察放了一個大臭屁，變成一陣
「風」吹飛這個儒生（社會風氣）。

記憶內容	圖形	記憶聯想
弘揚倫理道德、重視國民教育		一個儒生坐在「輪」胎「裡」看書（即倫理與道德，讀書則是國民教育）
擴大媒體功能		結果有「媒體」來採訪（擴大媒體功能）
加強法治意識		「警察」來把記者趕走（加強法治意識）
改善社會風氣		警察放了一個大臭屁，變成一陣「風」吹這個儒生（社會風氣）

　　接下來，背下各標題詳細內容：背下五大標題後，再
用鎖鏈法背下跟各標題相關的成語。例如「重視國民教
育」這個標題，我又準備了三句成語來運用：第一句是教
育是「立」身之本，更是治國之策，第二句是富蘭克林

說：「青年人的教育是國家的基石。」第三句是亞里斯多德說：「教育的根是苦的，但其果實是甜的。 」

　　為了記住這三句成語，繼續對前述的「讀書的儒生」創記憶勾 （這儒生在前面已拿來代表重視國民教育）。

　　拿書的儒生站「立」起來（教育是「立」身之本，更是治國之策），然後這青年人坐在「石頭」上調「克寧」牛奶（富蘭克林說：青年人的教育是國家的基石），最後把牛奶到在樹根想「多得」到「果實」（亞里斯多德說：教育的根是苦的，但其果實是甜的）。

記憶內容	圖形	記憶聯想
教育是立身之本，更是治國之策		拿書的儒生站「立」起來
富蘭克林說：青年人的教育是國家的基石		然後這青年人坐在「石頭」上調「克寧」牛奶
亞里斯多德說：教育的根是苦的，但其果實是甜的		最後把牛奶倒在樹根，想「多得」到「果實」。

你可發現抓關鍵字要盡量找句中特殊的動詞、名詞。例如「青年人坐在石頭上調克寧牛奶」這句，我不會抓「這」或「在」之類無關緊要的連接詞當關鍵字。此外，我還會把提到的三個動作用圖形畫在筆記上，以加深印象，總之能用畫的，就不要用寫的。

故事型：在腦海中使用圖像法

此類型用法為在腦海中想像故事畫面，請見以下範例。

▶ 範例

社會保險具以下九個原則：強制原則、最低收入保障原則、社會適當原則、給付與所得無直接關係原則、給付權利原則、給付假定需求原則、自給自足原則、不須完全提存準備金原則、給付依法訂定原則。（出自《社會政策與社會立法》科）

這題的九個原則我認為比較適合編成故事，所以使用圖像法裡的編故事方式處理（一樣具連環漫畫的效果）。

首先看到題目的「保險」二字，讓我想到推銷保險的小姐向我推銷的畫面（「保險」剛好成為記憶勾，串起題

目跟這個故事），於是我編出以下對話情節：

保險推銷小姐：「依法」（給付依法訂定）我要「直接」（給付與所得無直接關係）「強制」（強制原則）你買「最低收入保障」（最低收入保障原則）的保險。

我：這樣「適當」嗎（適當原則）？「假定我有需求」（給付假定需求），是否有「提存準備金」（不須完全提存準備金）的「權利」（給付權利原則）？

保險推銷小姐：別傻了，你得自給自足（自給自足原則）。

看完以上範例後，讀者可發現圖像法的優點為鎖鏈的長度幾乎沒有限制，只要連環畫的劇情夠聳動，再配上複習技巧就能不斷的加長鎖鏈，往後延伸出新的內容。

另一大優勢是同一個題目可以延伸出不同的記憶勾加上鎖鏈，例如「社會工作」這個專有名詞，就可延伸出其定義、歷史、內容等面向。

圖像法的輔助性很強，不論數字記憶術、口訣法等，甚至如果有讀者已會使用心智圖，都可以再用圖像法強化記憶。

圖像法延伸出不同的記憶勾＋鎖鏈

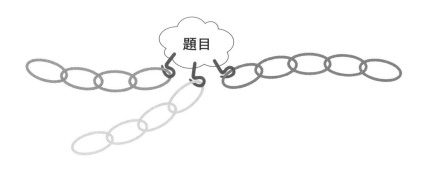

不過圖像法有以下的限制：

1. **不是所有答案都容易圖形化**：例如「行政處分」、「骨氣」等名詞，或許不是那麼容易將其變為漫畫。此時首先可嘗試將其轉化、借代，例如畫一個罰單代表行政處分，或是以抬頭挺胸雙手叉腰的人代表骨氣。如果真的還是創不出漫畫，請交給下一節的口訣法處理。

2. **答案順序問題**：在使用圖像法時，除非各答案的順序要按規定排序，否則鎖鏈的順序可隨心所欲，方便自己創出新奇的連環畫即可。但若各答案的順序需按特定規則排序，而如此又造成無法建構出連環畫時，則較建議使用口訣法。

3. 想不出記憶勾時：有記憶勾可看成買保險，較能保證
   考場緊張時，不會看到題目卻忘了答案。若實在沒辦法
   想出記憶勾將鎖鏈與題目結合，則可嘗試使用做筆記技
   巧與下一章的複習技巧強化記憶。

4. 圖形轉回文字答案：標準答案有時很長，就算記住了
   圖形，是否會無法在考試時將圖形轉回文字答案？此問
   題基本上要靠複習技巧解決，並在真正上考場前報名模
   擬考練習，如此能確認自己是否已複習到滾瓜爛熟。

5. 耗時：不只圖像法，所有的記憶術都要耗時間思考、
   創作，並把心得寫到筆記複習。如此當然比只抄下文字
   答案耗時，依答案多寡與創作難度而定，約需1至5分
   鐘不等。但考試當下會寫比什麼都重要，所以這幾分鐘
   跟一年的準備期間或是重考的痛相較，根本微乎其微而
   且具其必要性，絕對是值得的。況且任何一種記憶術創
   作的速度與成果品質，都會隨練習次數增加而不斷精
   進，所以不要吝於使用記憶術，你應該常使用而跟他變
   成最佳戰友！

誇張口訣法的概念

看哪！那做夢的來了

（創世紀37:19）

　　圖像法雖好，卻有不適用所有題型等缺點，這裡我要跟讀者分享第二招誇張口訣法，不僅可以彌補圖像法缺點，還能與圖像法產生相輔相成之效。

運用技巧

　　由記憶術四大要訣來分析：

以鮮明的外形標示

　　我習慣以淺藍色的筆書寫口訣在內文旁邊，遇到比較長的故事型口訣，也可以多加入其他顏色，將口訣中的關鍵字與其他描述做區隔。

特別的內容

　　聯想到的口訣應盡量誇張、新奇、禁忌化，不過有時亦可將生活經驗融入，例如同學的名字、喜愛的明星等。

圖形化

　　口訣為文字，不過仍然可利用圖像法幫助記憶，圖像法中提到的記憶勾也一樣適用於口訣法。

少量多次複習

　　由於人腦易於記憶圖形而非文字，故口訣法比圖像法更需要使用複習技巧熟記。

使用時機

記憶的內容不易圖形化時

　　有些主題不易圖形化，或者發現將該主題編成口訣會比畫成漫畫容易時，可使用口訣法。

記憶內容有特定順序

　　因為不論什麼文字敘述均能編成口訣，故如遇答案排

序具特定順序時，也可使用口訣法。

　　以下為最常運用的口訣法，依序為：理解型、簡易型、字首型、重組型、一網打盡型、無奈型（強硬式口訣）。如此分類僅是為了方便讀者閱讀理解，實際使用時，不需要被此分類所侷限。各類型排序基本是由易至難，實用度則由低至高，剛開始練習創造口訣時若無靈感，不妨依以下順序嘗試。

▎誇張口訣法的六種類型

思考順序	名稱	特色
1	理解型	以理解代替死背
2	簡易型	簡短答案，簡易口訣
3	字首型	運氣好的話直接用字首即為口訣
4	重組型	挑關鍵字重組即可編成口訣
5	一網打盡型	類似圖像法無限延伸型，串聯好幾種答案
6	無奈型	大絕招，硬是賦予口訣意義，任何題型均適用

誇張口訣法的
各種類型

只要信，就必得著
（馬太福音21:22）

理解型：稍加註解即可幫助複習

　　特色為「以真正理解的方式」進行記憶。本書中之記憶術，只有這「理解型」是真正理解各知識背後的原理來記憶。如果可以，優先使用理解型口訣法是比較有意義的，在求學的過程中，若使用本方法，可以達到事半功倍的效果。

▶ 範例

　　死刑是否合憲？（出自《憲法》科）

思考邏輯

　　本題因是否廢除死刑一直是個爭議，讓我練習時答

錯，但其實目前仍是有死刑犯的（只是不多了），表示其為合憲，所以我在練習錯誤後，便會以代表口訣的淺藍筆註記在「現在仍有死刑」的文字旁註記愛心符號。（愛心符號為筆者所慣用，以表示心得／口訣之意）

▶ 範例

可否收養直系血親？（出自《民法》科）

思考邏輯

原本是法律白癡的我，覺得近親收養是很正常的行為，但被補習班老師點醒了：「若祖父收養了孫子，孫子要叫他爺爺還是爸爸？」於是我便在旁邊寫下：「不知要叫阿公還是阿爸。」同時畫上愛心符號。

▶ 範例

贈與屬於單務契約，非單獨行為。（出自《民法》科）

思考邏輯

我以誇張又帶點變態的想法理解，因為送人大便也要對方同意才行，所以非單獨行為。因此我在筆記寫下：「送人大便。」同樣的，也在旁標示愛心符號。

簡易型：輔以簡單口訣即可永生難忘

除了剛才的理解型，以下所有類型都需要讀者發揮想像力，由題目中圈出關鍵字編出口訣以幫助記憶。本型與理解型一樣，適用於簡短答案之記憶，差別之處在於本型的口訣並不須真正理解答案背後的道理。

▶ 範例

立委選舉時選票有政黨票與區域票，共兩張。（出自《憲法》科）

思考邏輯

這題我將「黨」與「區」圈出，口訣為：立委（拿盾牌）擋住蛆。同時可以畫圖輔助記憶（又使用到圖像法），請留意口訣中「立委」二字為此題的記憶勾。

記憶內容	關鍵字	口訣	圖像法輔助
立委選舉時有政黨票與區域票	黨、區	立委（拿盾牌）擋住蛆	

▶ 範例

集會言論內容之限制，違反法明確性原則。（出自《憲法》科）

思考邏輯

我將「不明確」（違反法明確）解釋為「莫名其妙」之意，故這題我在筆記寫到：「莫名其妙不讓我去集會遊行」（所以違反法明確性）並畫上愛心符號。此外，若在口訣中適時的帶入「我」字，以第一人稱來施展記憶術，有時可收到不錯的效果。

記憶內容	關鍵字	口訣
集會言論內容限制，違反法明確性原則	違反、明確	莫名其妙不讓我去集會遊行

▶ 範例

洛克主張天賦人權，盧梭主張主權在民；洛克提出二權分立，孟德斯鳩提出三權分立。（出自《憲法》科）

思考邏輯

　　第一組答案我常將洛克與盧梭搞混，講到洛克我想到洛克人（知名電玩角色），於是將「人」字圈出並寫下：「洛克人」。

記憶內容	關鍵字	口訣
洛克主張天賦人權，盧梭主張主權在民	人	洛克人（知名電玩角色）

　　第二組答案則可以這樣記：洛克人有兩隻腳，而鳩是鳥類，有三隻腳爪；所以二權是洛克，孟德斯鳩是三權。

記憶內容	關鍵字	記憶方法
洛克提出二權分立，孟德斯鳩提出三權分立	二、三	洛克人有兩隻腳。而鳩是鳥類，有三隻腳爪；所以二權是洛克，孟德斯鳩是三權

字首型：用字首編成口訣

　　讀者可在電腦用WORD軟體將關鍵字首標示出來，並花個兩、三分鐘，用滑鼠拖曳反覆組合關鍵字，直至有

意義的口訣出現。

▶ 範例

　　資本主義主要被批評的面向：競爭、公司、私有財、自由放任、利潤。（出自《社會學》科）

思考邏輯

　　把每個字首圈出，可得到有意義的口訣：「進公司自利」，我將這幾個字想成「一進入職場就自私自利」的意思，因為公司即為資本主義的產物，所以也具記憶勾的效果。

記憶內容	字首	口訣
競爭、公司、私有財、自由放任、利潤	競、公、私、自、利	進公司（自私）自利

▶ 範例

　　質性研究的信效度為：狂想信度、歷史信度、同步信度、明顯效度、工具效度、理論效度、描述效度、學理效度、解釋效度。（出自《社會研究法》科）

思考邏輯

　　將各個字首圈出，取得口訣：「狂歷同、明工理、描學解」。多唸幾次，發揮想像力稍加轉換即為有趣的口訣：「王力宏，沒天理，瞄學姊」。

記憶內容	字首	口訣
狂想信度、歷史信度、同步信度、明顯效度、工具效度、理論效度、描述效度、學理效度、解釋效度	狂、歷、同、明、工、理、描、學、解	「狂歷同」「明工理」「描學解」→「王力宏，沒天理，瞄學姊」

▶ 範例

　　擔保物權有：留置權、抵押權、質權。

　　用益物權有：典權、農育權、占有、地上權、不動產物權。（出自《民法》科）

思考邏輯

　　盡量以各答案字首找出關鍵字，擔保物權的關鍵字：「留置押質」，加入記憶勾的記法：「留置鴨子來擔保」。用益物權的關鍵字：「典農占地上不動」，加入記憶勾的

記法：「佃農站地上不動，沒辦法用」，你可在腦中想像
一堆佃農站著不甩地主的畫面。

記憶內容	字首	加入記憶勾的口訣
留置權、抵押權、質權	留、置、押、質	留置鴨子來擔保
典權、農育權、占有、地上權	典、農、占、地、上	佃農占地上不動，沒辦法用

重組型：非字首並需重新排列

當圈出的字首無法排列成有意義的口訣時使用此方
式，訣竅是不僅由字首取字，而是由各答案中尋找關鍵字
組合成口訣。

▶ 範例

社會權包含：生存權、受教權、環境權、經濟權、勞工
基本權。（出自《憲法》科）

思考邏輯

此處不取字首，而改標出各答案的關鍵字，關鍵字
選取很主觀，選出能夠讓你容易回想起答案的字即可。口

訣為:「生教環經工」,可以這樣記憶:「這什麼社會啊!生教還我精工錶」。因為筆者小時候曾被生教組長狠狠修理,所以生教對我是能加強記憶的詞語,讀者創口訣時也可大量融入生活經驗。其中口訣的這什麼社會,即是社會權的記憶勾。

▶ 範例

　　全國聯合會提出的社會工作師倫理原則:尊重、關懷、正義、堅毅、廉潔、守法、專業。(出自《社會工作》科)

思考邏輯

　　正義讓我想到「正義鋼彈」(動畫主角),於是把以上答案順序重組,套到該動畫的劇情變成口訣:「正義鋼彈想要關懷廉潔守法的議長,可是議長堅毅的說:請尊重專業!」。

▶ 範例

　　社工的價值排序為:保護生命 → 差別平等 → 案主自決 → 最小傷害 → 生活品質 → 隱私保密 → 真誠。(出自《社會工作》科)

思考邏輯

　　此題答案有特定順序，原本我使用圖像法畫漫畫，但後來補習班老師傳授口訣：「保差自小生隱真」（意為：薛寶釵自小生飲珍珠奶茶），實在比畫漫畫好記太多，於是立刻改用這句口訣。

一網打盡型：口訣串聯好幾種答案

　　此類型出現的機會不高，能用出表示你已經有進階記憶術的實力。請見以下範例，如何使用口訣串聯好幾種大題的全部答案。

▶ 範例

　　詳析分析的三種方法如下：（實際考試時尚需文字說明）

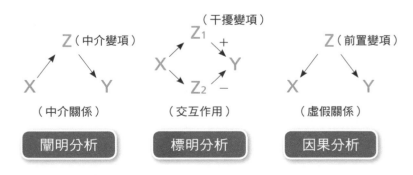

思考邏輯

看到這複雜的圖，可能有人直接放棄。說實話，我到目前也沒真正搞懂這圖背後的意思，但卻能將圖文原封不動的背到考卷上，用的是以下的口訣：

1.闡明分析：由 X 開始的箭頭先往上，經過 Z 再往下，很像鏟土的動作，剛好與「闡」明同音（記憶勾）；而中介聽起來很像日本名字，所以口訣是：「剷除日本鬼子中介」，也可畫上鏟子幫助記憶。如此一次記起「闡」明分析、箭頭方向、「中介」變項、「中介」關係。

2.標明分析：由 Z_1、Z_2 往 Y 的箭頭有點像射向 Y 的飛鏢，剛好與「標」明分析同音（記憶勾），所以筆記畫上與箭頭方向相同的飛鏢，再參考另外兩個要記憶的項目後，創出口訣：「干擾他交互的射飛鏢」。如此一次記下「標」明分析、箭頭方向、「干擾」變項、「交互」作用。

3.因果分析：由 Z 出去往 X、Y 的箭頭像是開開的大腿，「因果」音類似英國，「前置」音似鉗子，所以創出口訣：「英國人把鉗子放兩腿間很空虛」，其中空「虛」表「虛假」關係。

最後可以再想「中介用飛鏢射英國人」之類的故事來

串聯這三個答案。

▶ 範例

　　承上題，詳析分析每種模式各舉一個例子說明如下：
（實際考試時尚需文字說明）（出自《社會研究法》科）

思考邏輯

　　有些科目會建議先背下一些例子，免得考場慌亂。這
邊展現口訣法的另一招：如圖像法一般，使用鎖鏈技巧將
口訣延伸出去！

　　1.闡明分析：上一題用日本人中介來記憶，所以這個
看電視的例子就使用鎖鏈繼續延伸出口訣：「中介在看電
視」。

　　2.標明分析：延續射飛鏢的口訣，這邊口訣為：「努
力的用飛鏢射IQ大腦」來記憶IQ／努力程度影響成績的

例子。

　3.因果分析：以鎖鏈連接原本的英國人的鉗子：「鉗子著火了」，記下火災的例子。

無奈型：完全沒意義的強硬式口訣

　　這是口訣法的絕招，幾乎可以處理任何無法用前面方法解決的題型。既然是絕招，一定會花費讀者較多的心神，建議若能用前面方式處理，則不要使用本招；相對的，若用了本招，則需要多使用複習技巧來熟記。

▶ 範例

　　行政機關組織之名稱以通則訂定時之要件為：當業務相同而轄區不同，或權限相同而管轄事務不同。（出自《行政法》科）

思考邏輯

　　這題答案字較長且無法僅由字首湊出口訣，所以我圈出數個關鍵字：「業轄權管」為口訣。但這四個字毫無意義，於是使用諧音「夜狹拳管」，並可畫上漫畫輔助：在月夜裡狹縫中伸出一隻拳頭打水管。

記憶內容	關鍵字	口訣	圖像法輔助
當業務相同而轄區不同，或權限相同而管轄事務不同	業、轄、權、管	夜狹拳管→在月夜裡狹縫中伸出一隻拳頭打水管	

▶ 範例

　　價值累加理論的步驟為：1.結構性助長，2.結構性緊張，3.共同信念的發生與流傳，4.觸發因素，5.參與者的動員，6.社會控制的介入。（出自《社會學》科）

思考邏輯

　　先圈出關鍵字成口訣「助緊共觸參控」，再發揮想像力用諧音法變為「住井共觸參控」，最後用漫畫輔助，強制加上意義：「一堆箱子疊很高（價值累加理論）後掉下來，用手助箱子一臂之力推到井裡面，一堆手共同觸摸這個井，然後有人頭綁布條要參與，他開始控制搖桿。」

記憶內容	關鍵字	口訣	圖像法輔助
1.結構性助長， 2.結構性緊張， 3.共同信念的發生與流傳， 4.觸發因素， 5.參與者的動員， 6.社會控制的介入。	助、緊、共、觸、參、控	住井共觸參控→一堆箱子疊很高（價值累加理論）後掉下來，用手助箱子一臂之力推到井裡面，一堆手共同觸摸這個井，然後有人頭綁布條要參與，他開始控制搖桿。	

▶ 範例

　　量化研究與質性研究之差異可由以下面向比較：邏輯模式、知識論、方法論、觀察角度、研究目的、研究時間、研究單位、抽樣、研究工具、研究品質、研究法、資料處理、用途、強項。（出自《社會研究法》科）

思考邏輯

　　首先圈出關鍵字組成口訣：「邏知方角目時單，抽工品法料用強」再來將沒意義的口訣記起來：首先想像以下

圖像：「一隻田螺知道牠有方型的角，然後目光看著食物菜單，再拿鞭子抽打工人，因為牠品嘗到法國料理用料有小強。」

以上落落長的故事只是幫忙在初創口訣的三天內，將這十四個無意義的字背起來，如果自信背得起來可不畫圖像，只要有持續複習，三天後應該就可以背下這句口訣而捨棄這故事。

有了無意義口訣與亂編的故事後，再來需使用複習技巧將短期記憶轉為長期記憶，以我個人為例，進入長期記憶後，可以記住一個月以上。

記憶內容	關鍵字	口訣	圖像法輔助
邏輯模式、知識論、方法論、觀察角度、研究目的、研究時間、研究單位、抽樣、研究工具、研究品質、研究法、資料處理、用途、強項	邏、知、方、角、目、時、單、抽、工、品、法、料、用、強	螺知方角目食單抽工品法料用強→一隻田螺知道牠有方型的角，然後目光看著食物菜單，再拿鞭子抽打工人，因為他品嘗到法國料理用料有小強。	

誇張口訣法的
強化技巧

你要保守你的心，勝過保守一切

（箴言4:23）

看完以上例子，相信部分讀者仍無法熟練的創出口訣，以下我再跟大家分享創造口訣法的一些訣竅。

口訣關鍵字的順序

基本上關鍵字以字首為優，不行則找句中的其他字詞，也就是特殊的動詞、名詞。順序則可利用電腦標出關鍵字後，反覆拖曳排列直至通順，過程中可能需要更換部分關鍵字，以使口訣流暢。

決定口訣字數的考慮要點

足以記憶下答案

通常答案簡短時，我會取一個字，答案若較長，我則

會找兩個字。

使口訣通順

有時候雖然答案短，但某些時候我還是會找兩個關鍵字，目的是為了使口訣更通順。

7±2法則

人腦短期記憶的字數基本上限制於五到九個字，所以口訣基本上超過七個字就會斷句。依此原則後總字數則較無限制，目前我做過的口訣字數最長為二十五字（5字×5句），如此長度應足夠記下任何答案。

使關鍵字轉換回答案

創口訣時盡量找到與題目間的記憶勾，其次需使用複習技巧強化記憶。口訣法很妙，既能補充圖像法之不足卻又能以圖像法來輔助，而且我認為創造口訣的過程是個有趣的遊戲，希望你也能愛用它，活用它。

數字記憶術

要得智慧，要得聰明，不可忘記

（箴言4:5）

考場上許多年份、法條號碼等數字需要記憶，在此依解題順序，分享我所使用的記憶方法如下表：聯想法、筆

數字記憶術的八種類型

思考順序	名稱	特色
1	聯想法	抓住突發奇想的靈感
2	筆畫法	關鍵字的筆畫剛好與答案的字數相同
3	注音法	關鍵字的注音幾聲剛好與答案的字數相同
4	經歷法	由人生經歷（ex:同學座號）找靈感
5	諧音法	以諧音記憶
6	字數法	找關鍵字的字數來配合答案的數字
7	電話法	反覆硬背長的數字串
8	數字記憶樁	絕招，使用數字記憶樁表格

畫法、注音法、經歷法、諧音法、字數法、電話法、數字記憶樁等八類。

聯想法

使用聯想的方式，將看到答案後的靈感化為數字記憶術。

▶ 範例

懲戒權之時效10年。（出自《憲法》科）

思考邏輯

看到「10」又看到「戒」，我馬上聯想到「十誡」。

筆畫法

關鍵字的筆畫剛好符合答案的數字。

▶ 範例

省設委員九人。（出自《憲法》科）

思考邏輯

因為「省」這個關鍵字九畫，所以此題筆記可寫下：

「省九畫」（旁邊畫上愛心符號）為記憶。

注音法

看關鍵字的注音是幾聲，是否剛好符合答案的數字。

▶ 範例

立法院罷免及彈劾總統的提議門檻各為1／4與1／2。（出自《憲法》科）

思考邏輯

因為關鍵字「ㄅㄚˋ」及「ㄊㄢˊ」注音各為四聲及二聲，所以對應到1／4與1／2。

經歷法

經歷是指每個人的人生經歷，活得越久越有相關數字可以拿來記憶，例如同學的座號。

▶ 範例

我國至民國八十五年第九任總統李登輝開始為全民直選。（出自《憲法》科）

思考邏輯

因為我國小六年級（民國八十五年）時李登輝當選，我對此仍記憶猶新，而當時九號同學名叫李易聰，我也還有印象，那陣子正與他爭執李登輝當總統好不好，所以筆記寫上「國小六年級的李易聰」（旁邊畫上愛心符號）。請注意，就算忘了九號是誰，我也會告訴自己，李易聰就是九號，因為他有記憶勾效果。

諧音法

例如「520」諧音是我愛妳，以下列出部分諧音可供讀者參考。

0	你、林、鄰
1	一、伊、衣
2	二、愛、餓、了
3	想、生、深、送、餐、搧
4	是、世、死、思、濕
5	我、無、喔、網、吾
6	溜、若、了、啦、又
7	親、妻、氣、去、情
8	爸、罷、輩、抱、被、怕、發、不
9	久、就、救、走

▶ **範例**

民法中限制行為能力人的分界年齡為7歲與20歲。（出自《民法》科）

思考邏輯

取諧音，7→妻，20→二鄰，兩個鄰居，所以口訣：「民法就是要管妻跟二鄰的關係。」

▶ **範例**

青年失業率是平均失業率的3.15倍。（出自《社會政策》科）

思考邏輯

這題不會直接考數字，我把這數據背下是為了將它拿來當申論題前言。315的數字諧音像「撕衣服」，所以融入記憶勾的口訣是：「撕衣服的青年失業了。」

▶ **範例**

法律保留原則於中央法規標準法第5條、地方制度法第28條、司法院大法官釋字第443號均有提及與規範。（出自

《行政法》科）

思考邏輯

　　背下這些法律條號後，申論題寫起來至少可多個一、兩分，申論題有考法律條文的考生請盡量用記憶術記下條號。本題法律名稱與「大法官釋字」這幾個字，上課後有複習即可記住，麻煩的是對應的條號：5、28、443。因此可使用諧音法：「我、愛抱、濕濕傘。」

字數法

　　這方法是找關鍵字的字數配合答案的數字，並且使用錄音筆記配合，可發揮最大功效。

▶ 範例

　　省諮議員任期3年。（出自《憲法》科）

思考邏輯

　　須由答案「3」年的「3」來尋找題目中三個關鍵字，故選擇諮議員三個字。

　　錄製錄音筆記時可以這樣唸：「省 諮。議。員。3年。」唸到關鍵字時，需各用筆敲一次錄音設備（例如手

機）製造噪音，或是做停頓處理（省　諮　議　員　），或是任何可以強化自己記憶的方法。

▶ 範例

　　行政訴訟中為簡化訴訟程序可指定當事人，最多可指定五人。（出自《行政法》科）

思考邏輯

　　本題的關鍵字就是五個字，並也可以多使用圖像法和記憶勾的方式加強記憶：例如畫個手「指」指向小叮「噹」，代表「指」定「當」事人。

▶ 範例

　　公法上的請求權5年；行政執行的執行時效5年。（出自《行政法》科）

思考邏輯

　　前半部使用縮寫的技巧，剛好可挑出「公法請求權」這五個字對應答案，並且規定在法條第131條（131→十三姨，黃飛鴻的女朋友），所以還可創個口訣：「十三姨的公法請求權。」

後半部的行政執行則無法湊出五個字的關鍵字，所以改使用借代的技巧：上過「行政法」會知道行政執行是由行政執行處執行，所以改用剛好五個字的行政執行處記憶此題答案。

電話法

電話法的意思是將數字如電話號碼一樣記住，讀者對於自己的住家電話或情人的手機號碼一定不會忘，原理就是經過反覆背誦後，長如電話號碼的數字串也能深深刻在腦海裡。

▶ 範例

上訴需判決後20日內提起，抗告需裁定後10日內提起，再審需終局判決30日內提起。（出自《憲法》科）

思考邏輯

先使用重新排列數字的技巧：這三個數字如果改成10、20、30會比較好記，如此題目對應順序也變成抗告、上訴、再審；再取關鍵字：告訴審（告訴嬸嬸），最後口訣變為：「10、20、30，告訴審。」

▶ 範例

覆議程序：行政院對於立法院決議之法律案、預算案、條約案，如認為有窒礙難行時，得經總統核可，於該決議案送達行政院10日內，移請立法院覆議。立法院應於該覆議案送達15日內提出院會以記名投票表決；如贊成維持原決議者，超過全體立法委員1／2，即維持原決議，行政院長應即接受該決議；如未達全體立法委員1／2，即不維持原決議；逾期未作成決議者，原決議失效。休會期間，則應於7日內舉行臨時會，並於開議15日內作成決議。（出自《憲法》科）

思考邏輯

這題我當初是這樣背的：10151212715。這串數字唸的方式要停頓：10-15-12-12-7-15，輔以複習技巧後，就可如電話般記住。這題可看出使用電話法的時機：雖然同一題內，有一連串的長數字時，推薦使用電話法，但對於答案的中文部分也需多看幾次，以免遇到不按原本數字次序出題的題目。

數字記憶樁

數字記憶樁幾乎可以處理任何無法用前面方法解決的題型。

數字記憶樁大多是由諧音、象形而來，「數字記憶樁」（P.116～P.117），可放在桌前參照用。隨著使用的次數增加，你會發現自己越來越熟練而不再需要看表。

這個方法的缺點是，如果不同題目卻反覆出現同一個數字，會有用到重複的數字記憶樁之問題，如此可能造成答題時的混淆。

解決方法是同一數字在不同題目時，盡量使用不同的記憶樁（例如數字1在第一題用「筆」當記憶樁，第二題就改用「椅」當記憶樁），或者多使用前面的其他數字記憶方法。瞭解記憶樁後，請見以下範例：

▶ 範例

禁止與旁系血親六等親或旁系姻親五等親間近親結婚。（出自《民法》科）

思考邏輯

這邊要記憶的是6、5，並要再用記憶勾連結題目。為

何不是5、6而是6、5，因為血親比姻親更親，理當排在前面，如此記憶起來較合乎邏輯。再來查記憶椿表格：65可選擇「落伍」當記憶椿，配上記憶勾即完成口訣：「不准近親結婚？太落伍啦！」

▶ 範例

　　請不用電話法，改用記憶椿記住先前《憲法》覆議程序的數字：10151212715。

思考邏輯

　　把以上數字拆為10-15-12-12-7-15，並找到容易互相串為故事的記憶椿：衣領（10）、鸚鵡（15）、食餌（12）、時鐘（12）、拐杖（7）、月餅（15），

　　接著用鎖鏈法編出故事：行政院長把立委翻桌（覆議的記憶勾），拉扯立委的衣領，發現上面停一隻鸚鵡，鸚鵡被拿食餌逗弄，食餌被塞到時鐘裡，時鐘被拐杖打到月餅上。

　　你是否有發現，鎖鏈法搭配數字記憶椿，或許可以比較快記住這串數字，但編故事與把故事抄到筆記會比電話法麻煩許多，所以太長串的數字會優先推薦電話法搭配複習技巧。

數字記憶樁

01 鬼火（靈異）	02 嬰兒	03 靈山／耳朵	04 零食	05 蓮霧
06 夜壺／喝尿	07 007龐德	08 淋巴	09 棺材（靈柩）／球拍／喝酒	10 衣領／石／十字架／棒球
11 筷子／食蟻獸／踩高蹺／雪橇	12（一打）雞蛋／食餌／時鐘	13 雨傘／衣衫／依珊／師長／移山	14 石獅／死士／椅子／醫師／鑰匙／儀式	15 鸚鵡／食物／衣服／月餅（十五滿月）
16 野柳女王頭／石榴裙／楊柳／衣鈕	17 儀器（天平）／石器／瓷器／荔枝／遺棄	18 尾巴／拾八仔／籬笆／泥巴／妖怪（諧音）	19 石臼／救火車／泥鰍／藥酒／一休	20 惡鄰／惡靈古堡／鵝蛋／餓你
21 惡醫／鱷魚／半杯／1／2／阿姨	22 鵝鵝／大便（ㄜㄜ）	23 阿桑／和尚／（雙峰）駱駝	24 耳屎／24孝／糧食／盒子	25 二胡／和服
26 河流／溜冰鞋	27 耳機／惡妻／二妻	28 惡霸／荷花	29 二舅／惡狗／愛酒	30 三菱汽車／森林／山洞
31 鱔魚／三義木雕	32 山河畫／嫦娥／仙鶴／扇兒／善惡	33 三商巧福／星星／仙丹／鑽石	34 扇子／山鼠／山寺／紳士	35 珊瑚
36 沙漏／酸溜溜／山鹿／香爐	37 生氣／山雞／疝氣／相機	38 阿花／38女人／山胞／沙發	39 御飯糰／山鳩／香蕉／三腳架	40 士林小吃／（吵）死妳／司令
41 司儀／睡衣／雪梨／細姨	42 蘇俄／俄羅斯方塊	43 池上便當／石山／濕傘／蘇珊	44 斯斯感冒藥／死一死	45 食物／師傅／水母／水壺
46 沙漏／飼料／卒仔	47 石器／司機／樹枝	48 絲瓜／骰子／蘇打／石板	49 四角褲／四腳蛇／死狗／雪球／水餃	50 武林高手／50元／五環
51 勞動節／武藝高強（李連杰）／狐貍	52 撲克牌一副／木耳／孤兒／我兒我餓（Pizza）	53 劍湖山／武聖／霧社／牡丹／烏紗／火山／午餐	54 武士／護士／巫師／五四運動	55 火車／五福臨門／木屋

56 烏溜黑髮／無聊	57 武器／梧棲漁港／母雞／母親	58 王八（烏龜）／我發／苦瓜／火把	59 五角大廈／呼救	60 榴槤／劉嘉玲／琉璃
61 牛醫／流鶯／老鷹／輪椅	62 六合夜市／牛耳／留俄	63 硫酸／油傘／留聲機／劉翔	64 News／律師／牛屎／天安門	65 六福村／落伍／尿壺／鑼鼓
66 溜溜球／綠豆／蝌蚪	67 油漆／流里流氣怪叔叔／流星／樓梯	68 劉邦／抓包	69 琉球／鹿角／太極／口交	70 麒麟／棋靈王／冰淇淋
71 奇異果／蜥蜴／洗衣機	72 企鵝／棄兒／妻兒	73 旗山獼猴	74 騎士／雞翅／妻子	75 積木／騎虎／欺侮／齊呼
76 騎樓／犀牛／汽油／氣流	77 巧克力／七喜／機器	78 錢包／奇杷／西瓜／青蛙	79 喜酒／氣球	80 巴黎鐵塔／百靈鳥／霸凌
81 白蟻	82 百合／拔河／靶兒	83 疤傷／爬山	84 巴士	85 白虎／寶物／抱我／巴我
86 芭樂／拔蘿（蔔）／鈸鑼／八路軍	87 北七／霸氣／巴西／白癡／白棋	88 爸爸／喇叭	89 斑鳩／芭蕉／八爪	90 Jolin／酒令／精靈
91 救生衣／舊衣回收桶／球衣／蚯蚓	92 酒盒／小二／舊愛／球兒	93 舊傷口／軍人節／救生圈	94 救世主／果汁／教師	95 無鉛汽油／救護車／酒壺
96 蝴蝶／左右護法／酒樓	97 救濟院／香港腳／酒席／手機	98 酒吧／就飽（台語）	99 領結／舅舅	00 鈴鐺／望遠鏡
100 一百元／人瑞	1 筆／包衣的／一元／衣／椅／蟻／姨	2 耳／成雙,成對／餓	3 山／麥當勞／彈簧／搧／Mr.3（海賊王）	4 帆船／旗子／壞掉的／獅
5 舞動的／舞廳／屋／鉤子／手套	6 柳丁／柳樹／溜滑梯／光滑的／勺子／尿	7 拐杖／鐮刀／漆色的	8 八仙過海發，許多的／喇叭／葫蘆	9 酒／老舊,成熟

英文記憶術
的基本功

得智慧指教，便有益處
（傳道書10:10）

　　英文記憶術可以使用在申論題的專有名詞與學者名字上，試比較以下兩句文字，讀者應該就可知道何者在申論題作答時較能讓閱卷老師青睞：

　　中文版：學者馬克思提出剩餘價值及異化的概念。
　　英文版：學者馬克思（Karl Marx）提出剩餘價值（surplus value）及異化（alienation）的概念。

　　申論題中能背出英文單字，不僅讓功力看起來更深厚，而且還有快速填滿整張考卷的優點，以下分享筆者背英文單字的基本方法。

STEP 1 抄筆記

　　首先做筆記時我會建議把學者名／專有名詞的單字也抄到筆記，有抄不一定會背起來，但沒抄，考試時絕對寫不出來。

STEP 2 篩選

　　要挑選合適的單字背誦，以你認為常考又容易背的單字為優先。

STEP 3 抄寫到單字專用紙

　　準備數張紙，不同科需要使用不同的紙：每天約只背五個單字（學者名／專有名詞），並將其抄到紙上，每五個單字畫一橫線隔開。抄寫時我會將中英文都寫上，當時大約寫了 A5 大小的紙張五面，背下四百個單字，專門拿來寫申論題。

STEP 4 小考

　　將要背的單字做成表格，每當背新單字時，我就會在兩張表格中將中文新增，然後兩週左右便自我測驗。考完後，在第一張表格上記錄單字的錯誤次數，錯太多次的生

字，我會在第二張表格運用記憶術，也就是寫下它的英文，並想辦法創造口訣幫助記憶（請參照P.125）。

STEP 5 複習

小考時錯誤的單字，我也會記錄在單字表格，然後將它創設出記憶口訣後，利用每天吃飯時加強背誦。背誦時可用循環交替的方式防止倦怠並加強常錯單字：一次完全照順序從頭背到尾，一次只背常錯的單字。

▌記錄錯誤頻率的單字練習表（第一張）

中文	錯誤次數
概念	
命題	11
理論	
演繹法	
歸納法	
研究主題	
動機	
文獻回顧	
假設	
對象	1
方法	
資料分析	
結論與建議	1
探索	1
描述	1
解釋	1
鉅／中／微視層次	
趨勢／世代／固定連續樣本	
橫斷性研究	1
縱貫	11
母群體	1
樣本	

▌記錄記憶術的單字練習表（第二張）

中文	創造記憶術
概念	
命題	propo.s.ition 小S的命題
理論	
演繹法	
歸納法	
研究主題	
動機	
文獻回顧	
假設	
對象	sub.ject 躲在對象下
方法	
資料分析	
結論與建議	conclusion 遜
探索	
描述	
解釋	
鉅／中／微視層次	
趨勢／世代／固定連續樣本	
橫斷性研究	Long.i.tu.dinal 龍翼 縱貫列車
縱貫	
母群體	po.pu.lation（人口）
樣本	

各類型英文單字
記憶法

要常常喜樂
（帖撒羅尼迦前書5:16）

諧音故事法

本方法主要由英文或中譯的諧音，創出帶有記憶勾的故事。

▶ 範例

學者Mishra提出福利國家的危機。（出自《社會福利服務》科）

思考邏輯

Mishra的中文譯名唸起來是「米雪拉」，而本題的關鍵字我抓「危機」兩字為記憶勾，再來將這兩個做聯想：把中文音譯取諧音改為「秘血啦」，配上記憶勾危機，意

就是「神秘的噴血啦，有危機」（如果需要你也可以圖像法加深印象）。背下中文譯名後，用拼音的方式拼出英文Mishra就不是難事了。

記憶內容	記憶勾	諧音聯想	諧音故事法
Mishra 提出福利國家的危機	危機	Mishra→米雪拉→秘血啦	神秘的噴血啦，有危機。

▶ 範例

學者Sutherland提出差異結合論。（出自《社會學》科）

思考邏輯

Sutherland的中文譯名是蘇哲蘭，於是聯想到英格蘭（英國），便在筆記畫上英國地圖並告訴自己：「英格蘭是由一堆小島結合，所以蘇哲蘭提出差異結合論。」

▶ 範例

學者Allan G. Johnson的作品《The Forest and the Trees》（中譯：見樹又見林）中提到……。（出自《社會學》科）

思考邏輯

　　Allan的譯名是艾倫，我馬上想到知名動畫「進擊的巨人」中男主角也叫艾倫，G則剛好也可代表巨人的「巨」，至於書名的Forest（森林）、Trees（樹）則代表男主角在劇中用立體移動裝置穿梭於樹林的場景。有了以上的聯想後，可在筆記畫下這些場景，記住學者與其著作。

口訣法

　　這邊是利用單字本身的字母，創出口訣，請見以下範例：

▶ 範例

　　學者Karl Marx提出剩餘價值及異化的概念。（出自《社會學》科）

思考邏輯

　　Marx的譯名「馬克思」大家早就耳熟能詳，但我想把Karl（卡爾）也背起來，跟別人比才有區隔，但英文不好的我，因為C跟K都發「丂」，所以常會拼錯成Carl。

後來把Karl的K當關鍵字創出簡單口訣：K馬克思（K即
「扁人」的意思），之後再也沒拼錯。

▶ 範例

　　無差異的一律給予福利稱為平等（equality）；依需求／
差異給予的則稱為公平（equity）。（出自《社會政策》科）

思考邏輯

　　這題有個難處，就算用基本單字記憶方法記住英文
equality與equity，還是會跟平等、公平這兩個中譯配對
不起來。於是我以兩個單字的差異點「al」當關鍵字出
發，想出口訣：「一律平等的給AL，不公平。」

　　其中AL在國中理化教過是鋁元素的化學符號，而這
也是一句成功的口訣，因為可以同時記下兩者的英文單字
差異、中譯名及背後的解釋。

▶ 範例

　　社會工作實施過程：接案（intake）、評估
（assessment）、規劃（planning）、行動（action）、評鑑
（evaluation）、結案（termination）。（出自《社會工作》
科）

思考邏輯

以上六步驟若能在申論時寫出英文，看起來就是不一樣，若六步驟當作申論小標題，效果會更凸顯。

當初我背下各中譯的英文後，卻無法記住其順序，於是改用英文單字字首創口訣背下順序：「IAPAET」，多唸幾次後，再配合錄音筆記，便記起來了。一開始為了輔助記住這口訣，也可以這樣聯想：愛（I）一隻（a）豬（Pig）跟一隻（a）ET。

綜合運用篇

你們要靈巧像蛇，馴良像鴿子

（馬太福音10:16）

記憶術是我考上的最大功臣，特別將同時用到數種記憶方法的歸於此節。當讀者可以隨心所欲的靈活運用前面的記憶術，實力可謂勢如破竹而銳不可當，只能用武俠小說中的「無招勝有招」來形容。

熟練方法無二，唯「勤」是岸，多看記憶術示範，並實際運用到自己筆記上。記憶術不難而且很有趣，希望讀者能熟悉記憶術並融會貫通。

口訣＋圖像法

▶ 範例

依學者Smith的分類，社會排除（social exclusion）可由以下七個面向來探討：政治、社會、經濟、鄰里、空間、

個人、團體。（出自《社會政策》科）

思考邏輯

　　各面向圈出一個關鍵字，重新排序成「治會個鄰空體濟」，以Smith當記憶勾，這英文名翻成中文是史密斯，讓我想到知名動作科幻電影「駭客任務」中的電腦人史密斯先生。於是將口訣換字成「只會個凌空體技」，因為在電影中，Smith就是戰鬥體技輸給主角尼歐，最後可用圖像法畫一個跳起來凌空飛踢的Smith幫助口訣記憶。

記憶內容	關鍵字	口訣聯想
政治、社會、經濟、鄰里、空間、個人、團體	治、會、個、鄰、空、體、濟	只會個凌空體技

▶ 範例

　　1.成功訪問員之要件：多演練、負責任、對調查資料徹底瞭解、減低個人特質所造成的影響、根據常識當機立斷處理問題。

　　2.訪問員訓練進行方式：角色扮演、接受評鑑、課程及閱讀、觀察專家訪談過程、實地模擬訪談並加以記錄。（出

自《社會研究法》科）

思考邏輯

　　字少的答案我圈出一個關鍵字，字多的則圈兩個，圈好後創造以下口訣，並輔以圖像法記憶：「演不了剪影，根處」（意指訪問員不會演剪影而被處決）。畫圖時，若沒靈感可以google圖片參考。

　　另一句口訣則是：「扮品客，專訪食記。」（訪問員扮成品客洋芋片，對食記部落客進行專訪）

記憶內容	關鍵字	口訣聯想
多演練、負責任、對調查資料徹底瞭解、減低個人特質所造成的影響、根據常識當機立斷處理問題	演、負、瞭、減、影、根、處	演不了剪影，根處→訪員不會演剪影而被處決
角色扮演、接受評鑑、課程及閱讀、觀察專家訪談過程、實地模擬訪談並加以記錄	扮、評、課、專、訪、實、記	扮品客，專訪食記→訪員扮成品客洋芋片，對食記部落客進行專訪

▶ 範例

操作化的步驟：

第一步：概念（concept）的定義，第二步：面向（aspect）的分析，第三步：指標（indicator）的選擇，第四步：項目（item）的編製，第五步：變項（variable）的計分。（出自《社會研究法》科）

思考邏輯

圈出關鍵字後，想出以下口訣：「蓋面紙象變」，蓋住面紙把大象變不見。再取題目「操作」當成記憶勾，以機器手臂代表「操作」，畫出操作機器手臂用面紙蓋住大象的圖像。

記憶內容	關鍵字	口訣聯想
第一步：概念（concept）的定義。 第二步：面向（aspect）的分析。 第三步：指標（indicator）的選擇。 第四步：項目（item）的編製。 第五步：變項（variable）的計分。	概、面、指、項、變	蓋面紙象便→蓋著面紙的大象大便。

數字＋圖像法

▶ 範例

行政院提出了搶救工作人口方案，希望在2020年時，能將全體勞動參與率由58%提升至60%，其方案內容為：在職延長、退休活化、彈性工時與推升女力四大面向。（出自《社會政策》科）

思考邏輯

我看到這種能放在申論題當前言的數據，會想辦法用記憶術背起來。20年所以畫個惡靈，在職延長可畫個悲苦提個公事包的老人上樓梯，退休活化可老人畫他快樂的溜滑梯，彈性工時可畫這老人溜下來後，被彈簧彈到時鐘上，推升女力則畫火箭推升一個女生去救老人。最後的58%、60%則取諧音：我巴榴槤。

▶ 範例

對身障者的就業權益：身心障礙者權益保障法第33條規定了身障者的職前訓練與就業輔導；第16條則規範了禁止對身障者的就業歧視；第38條規定須對身障者的定額進

用；第40條規定了身障勞工與正常勞工需同工同酬；第44
條則明訂了業者可申請身障者之就業輔具補助。（出自《社
會政策》科）

思考邏輯

　　申論題若能把條號背出，至少能提高老師對你的印象
分數。

　　首先「33」是星星（閃閃），所以可畫待業的身障
者，整天坐在地上看星星閃閃；「16」是石榴（裙），畫身
障者只穿石榴裙去面試，竟然被就業歧視；「38」是三八
阿花，可以畫帽子上有阿花的人，被定額進用錄取了；
「40」諧音是（打）死你，畫身障者跟老闆敲打吵著要同
工同酬，不然就打死你；「44」是死死，死一死，畫老闆
最後仍不妥協，只好拿拐杖（輔具）扁他，要老闆死一死
算了。

數字＋口訣法

▶ 範例

　　《兒童及少年福利與權益保障法》責任通報的單位：該
法第53條指出醫事人員、社會工作人員、教育人員、保育

人員、警察、司法人員、村（里）幹事及其他執行兒童及少年福利業務人員，於執行業務時，知悉兒童及少年有下列情形之一者，應立即向直轄市、縣（市）主管機關通報，至遲不得超過24小時。（出自《社會政策》科）

思考邏輯

「53」是（劍）湖山，記憶勾是「通報」，配合選出的關鍵字「醫司保警教司幹社工」，得到口訣：「在劍湖山上，醫師抱緊教師幹社工，要通報」。

▶ 範例

行政程序法第123條規定，原處分機關得將行政處分依職權為全部或一部之廢止之情形共有：

一、法規准許廢止者，

二、原處分機關保留行政處分之廢止權者，

三、附負擔之行政處分，受益人未履行該負擔者，

四、行政處分所依據之法規或事實事後發生變更，致不廢止該處分對公益將有危害者，

五、其他為防止或除去對公益之重大危害者。

（出自《行政法》科）

思考邏輯

先由123聯想到木頭人，配上挑出的關鍵字，經過聯想與轉換創出口訣：「跟髮鬚（法許）狗玩123木頭人，牠飽了就吠止了，這時候原本要偷溜的小偷，改變（變更）心意，開始打那隻狗（對狗有危害）」。（其中偷溜→履→文言文的鞋，未履行→沒穿鞋的行走→偷偷摸摸）

數字＋口訣＋歌唱法

▶ 範例

大法官釋字469號解釋中闡釋了國賠中屬公務員怠於執行職務之要件共有：

1. 法律的規定內容賦予國家推行公共事務的權限與保護人民生命、身體、財產等法益。
2. 法律對主管機關應執行職務、行使公權力的事項規定明確。
3. 公務員對可得特定之人所負的作為義務已無裁量餘地。
4. 因故意過失而怠於執行職務。
5. 致特定人的自由權利遭受損害。

6.人民對公務員特定的職務行為具有公法上的請求權。

（出自《行政法》科）

思考邏輯

這是我唯一用上歌唱法的記憶術，理由很簡單：這題的口訣太長了！共可圈出「法賦權保法」「法機執公規」「公可特義裁」「因故意怠職」「致特自權損」「人公職公請」等三十個關鍵字，再進行以下步驟：

1.創設強硬式口訣：很明顯的，這口訣毫無意義，所以硬是給它意義並配合圖像法。釋字469的諧音是「飼料＋酒」；「法賦權保法」是一個髮長到腹部，握拳很飽的法國人，他因為吃飼料吃太飽，所以不作為；「法機執公規」則可想成這人用頭髮纏住雞，然後丟擲到一隻公的烏龜；「公可特義裁」則想成公的被剪刀任意剪裁；「因故意怠職」是因為一個故意的呆子拿鐵鎚；「致特自權損」是鐵鎚導致被刻字的拳頭受損；「人公職公請」是一個公務員看著好幾公頃的土地。

2.唱歌化：雖然有口訣加上圖像，但一開始還是記不住，後來上網搜尋五字一句的歌，例如「千里之外」，將歌的旋律配上口訣，再用錄音筆記錄起來背誦。

記憶內容	關鍵字	口訣聯想
釋字469號	（無）	諧音是「飼料＋酒」
法律的規定內容賦予國家推行公共事務的權限&保護人民生命、身體、財產等法益。	法、賦、權、保、法	一個髮長到腹部，握拳很飽的法國人，他因為吃飼料吃太飽所以不作為
法律對主管機關應執行職務、行使公權力的事項規定明確。	法、機、執、公、規	這人用頭髮纏住雞然後丟擲到一隻公的烏龜
公務員對可得特定之人所負的作為義務已無裁量餘地。	公、可、特、義、裁	公的被剪刀任意剪裁
因故意過失而怠於執行職務。	因、故、意、怠、職	因為一個故意的呆子拿鐵鎚
致特定人的自由權利遭受損害。	致、特、自、權、損	鐵鎚導致被刻字的拳頭受損
人民對公務員特定的職務行為具有公法上的請求權。	人、公、職、公、請	一個公務員看著好幾公頃的土地

數字＋口訣＋圖像法

▶ 範例

　　身心障礙者權益保障法第70條中規定採用以下方式來保障身障者經濟安全：生活補助、日間照顧、住宿式照顧補助、照顧者津貼、年金保險等方式。（出自《社會政策》科）

思考邏輯

　　法條70的諧音「氣死」，配上關鍵字口訣「生日照照年」，變成：「氣死，生日照照……黏」。若再以圖像法輔助，則可畫出身障者生日時，還是把錢黏在他頭上把他氣死，在這題「錢」是記憶勾，表示經濟。

▶ 範例

　　《特殊境遇家庭扶助條例》第2條所提供的補助包括：緊急生活扶助、子女生活津貼、子女教育補助、傷病醫療補助、兒童托育津貼、法律訴訟補助及創業貸款補助。（出自《社會政策》科）

思考邏輯

　　由關鍵字組出口訣：「緊身浴衣脫綠葉」，圖像法則可畫一個穿緊身浴衣的人，被脫掉浴衣後剩下綠葉，這時有一隻「鵝」（第2條）要來吃他的葉子。

　　至於每個答案最後的津貼、補助等描述，則可利用其重複的旋律記住：津補補、津補補……。

▶ 範例

　　行政程序法第111條的行政處分七種無效情形：

　　1. 違反事務或土地管轄，

　　2. 行為構成犯罪，

　　3. 重大明顯瑕疵，

　　4. 內容不能實現，

　　5. 違反公序良俗，

　　6. 要式處分非以證書做成，

　　7. 不知處分機關。（出自《行政法》科）

思考邏輯

　　口訣：「管罪疵實良書機」，諧音可想成「灌醉吃十兩蘇雞」，聯想為：一個被灌醉的人又硬塞鹽酥雞給他

吃，心中要想像被灌醉吃雞的人做出的行政處分是「無效」的，成為此題記憶勾。

同時可將此聯想畫出圖像，最後並畫出那人被灌醉、臉上三條線，表示第111條。

英文＋數字＋圖像法

▶ 範例

據學者Jones於1990年的研究指出，影響內在效度（Internal Validity）的13種因素為：歷史事件、測驗、工具效應、統計迴歸現象、受試者亡佚、成熟、選樣誤差、選樣誤差與成熟交互作用、因果順序、補償式處理、實驗處理擴散、強亨利效應、士氣低落。（出自《社會研究法》科）

思考邏輯

除了Internal Validity這專有名詞以基本單字記憶方法處理外，其他可 使用以下圖像鎖鏈法：

「歷史」可畫皇帝的帽子，「測驗」畫一枝筆由前述的皇帝帽子長出，「工具」畫這支筆戳到一根板手（代表工具），「迴歸」是板手敲到台灣的北回歸線，「受試者亡佚」畫台灣長出十字架（代表死亡），「成熟、選樣誤

差、選樣誤差與成熟交互作用」這三組，則是十字架左右各長出一大一小兩根小草（生長代表成熟，一大一小代表選錯了選到小的，代表選樣誤差），「因果順序」就是小草裡冒出雞（雞生蛋／蛋生雞是因果問題），「補償式處理」是給雞吃一顆糖果補償牠，「實驗處理擴散」是雞吃糖後產生爆炸（煙霧擴散），「強亨利效應」是爆炸後冒出超級賽亞人（很強的意思），「士氣低落」是超級賽亞人倒地死了。最後「Jones，1990」聯想為「瓊斯精靈（90）拿仙女棒點了皇帝的帽子」，回過來以鎖鏈法扣住第一個圖像。

英文＋口訣法

▶ **範例**

　　學者Lenski提出了四種社會的階層化理論，依序為漁獵社會、園藝與畜牧社會、農業社會、工業化社會。（出自《社會學》科）

思考邏輯

　　Lenski中譯名為蘭斯基（記住中譯會幫助記憶英文名字），聯想為「籃濕雞」。再看到四種社會的分類，可在

旁邊畫出剛好符合他提出的園藝、漁獵、畜牧的代表圖，如籃子、魚、雞。

英文＋數字＋口訣法

▶ 範例

學者Lang & Lang在1961年的著作《集體動力學》中提出：社會運動的發展階段依序為初步階段、民眾階段、正式階段、制度階段。（出自《社會學》科）

思考邏輯

首先Lang & Lang音讀起來像台語的「軟軟」，「61」可用「流鶯」當記憶椿，「動力學」是機械系的一門必修課，發展階段取字首的口訣是「粗民政治」，剛好符合社會運動那種暴民的氛圍。

然後用鎖鏈法串起以上所有記憶術：「（機械系的教授）軟軟抱著流鶯在上集體動力學，不屑的說：只是個粗民政治」，最後再將這位軟軟的教授畫在筆記上。

英文＋數字＋口訣＋圖像法

▶ 範例

行動研究（Action Research）的類型依學者Hart & Bond在1995年提出的分類可分為：充權模式、實驗模式、組織模式、專業模式。（出自《社會研究法》科）

思考邏輯

Hart & Bond唸起來像是「哈！碰！」的爆炸聲，95是「救我」，四種模式取口訣法「充實枝葉」，有點沒意義，適合強硬式口訣。

最後用鎖鏈法串成：「哈～碰！救我！充實枝葉」，然後畫下漫畫幫助記憶：爆炸，由根到枝葉被充實的樹。

或者提供另一個聯想：有一個人哈哈笑，就碰一聲爆炸，結果腦袋充血，在頭頂上長出十（實）棵枝葉。

第四章

強化記憶
的複習技巧

凱撒：
你要出類拔萃，
誰也阻擋不了你。

「少量多次複習」是複習策略的最高
宗旨，藉由不斷刺激腦內的海馬迴將
短期記憶轉為長期記憶。

以視覺
加強記憶的區塊

畫夜思想，這人便為有福

（詩篇1:2）

善用隨處可見的空間

在口訣法中，若口訣的字數較多，或為沒意義的強硬式口訣，雖有圖像法的協助，也很難在第一時間記起。這時我會把口訣寫在手背，每隔數十分鐘便看一次，大約半天到一天後即可化為長期記憶而不易遺忘。

會選擇在手背書寫，是因為此處緊鄰身旁並隨時可見。若不喜歡在手背上寫字，改用簡單的便條紙隨身攜帶等方式，也可以達到類似的效果。

筆者特別叮嚀，既然目標是少量多次複習，所以大概每20分鐘瞄一下新口訣即可，一直盯著背，反而不符合時間成本而顯得沒效率。

自製記憶小卡協助背誦

把字寫在手上為的是「當下」能記住某句口訣，記憶小卡則是希望對於容易忘的某些口訣在「日後」都能加強複習。

可將一張A4紙裁成8張小紙卡，由於這小卡主要用於日後的練習，使用時間會較長，建議可選擇較厚的紙張，將筆記中不易記住的資料寫在小紙卡上，並以簡短的關鍵字／口訣為主。

與筆記不同的是，每換一個題目，我就用一個新顏色寫，藉由五顏六色提升學習興趣。

記憶小卡與手背相見歡的目的均為善用零碎時間，以少量多次複習強化記憶。我通常會把記憶小卡放在最常待的兩個地方：書桌與流理台。用磁鐵把記憶小卡吸在書桌旁，可在每次讀一段落時看個一眼；而放在流理台碗櫃上的小卡，則供洗碗時反覆背誦。

下圖即為我當時的「記憶小卡」樣本，這是兩張記憶小卡並排後的樣子。我將卡片並排後，用透明膠帶黏貼，再裝入透明夾鏈袋中，不但能保護小紙卡不容易被損壞，也更方便出門時攜帶。

記憶小卡參考範例

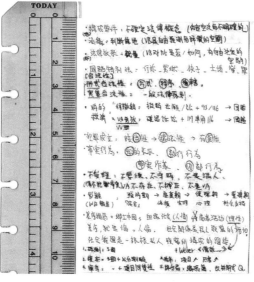

隨時都可運用的
聽覺複習

你們祈求，就給你們；

尋找，就尋見；叩門，就給你們開門

（馬太福音7:7）

　　錄音法有兩大好處：首先它可以大幅利用零碎時間，走路、刷牙、通勤、旅遊時，藉由隨時隨地的聽覺複習。錄音筆記可說是我上榜的一大功臣！在隨時隨地的聽覺複習下，考試時，讓我看到題目都可以回想起自己當初錄音的內容。

　　由於時下智慧型手機發達，所以不見得要使用錄音筆進行錄音／播放，而可以使用手機軟體中的App。

　　建議挑選錄音App的條件：第一，錄製時要能分科目錄製；第二，編輯時要能對個別的錄音片段進行刪除；第三，播放時要能同時具備自選播放起始點或是從頭播放。

錄製內容

　　錄音筆記不是要拿來完整複習老師函授的MP3，而是僅拿來複習筆記的重點與口訣，原則跟紙本筆記一樣，越是重要並容易考出又還沒記熟的內容優先錄製。

　　我看過並吸收了函授或補充教材後，首先會整理重點至紙本筆記，再將其中必須錄製的內容錄成錄音筆記。所以重點會留在紙本筆記中，而重點中的重點或口訣，則會錄成錄音筆記。為了成效與節省時間，絕對不要一字不漏的錄下所有內容，應有所精簡，以下面內容為例：

▶ **範例**

行政程序法第111條的行政處分七種無效情形：

1. 違反事務或土地管轄，

2. 行為構成犯罪，

3. 重大明顯瑕疵，

4. 內容不能實現，

5. 違反公序良俗，

6. 要式處分非以證書做成，

7. 不知處分機關。（出自《行政法》科）

錄製方法

　　錄音時，不要把上面內容全部錄下，取而代之，而是要錄製配合答案內容的口訣。

　　以我而言，首先我會錄簡短口訣：「行政處分無效：灌醉吃十兩蘇雞」，再錄詳細的說明解釋：「灌，違反事務或土地管轄。醉，行為構成犯罪……，那個被灌醉的人臉上三條線，它在行政程序法的第111條。」

　　拆成口訣和解釋的兩段錄製，是方便日後對檔案進行刪減，例如熟練後，可以只留下口訣部分的錄音檔，將較長的解釋部分錄音檔刪除。

　　至於每個答案中更詳細的意義解釋，例如何謂違反事務或土地管轄，理論上，有認真上函授並抄至筆記複習應足以應付考試，但若答案又可衍生出更多子答案時，應再創另一組記憶術，並盡量有記憶勾連結答案與其子答案。

　　如此僅錄製口訣、重點，截至考取時，十二個科目我共錄製了三千個語音檔案，合計約100MB，連續播放時，約需6小時才能聽完一輪。

　　這數字看起來有點嚇人，但其實我是用好幾個月的時間錄製，所以不須有太大壓力，只是要趁早開始累積，越早錄，就可以利用零碎時間，聽到越多次而使記憶深植腦

中。藉多次的複習，就可以由短期記憶轉成長期記憶，並
透過多元管道（視覺、聽覺）鞏固記憶。

錄製要點

- 需分科錄製，並在各科錄音筆記標示對應的檔名以識
  別。

- 內容太長時，可分段錄製，例如先前歌唱法的範例，既
  歌唱又錄口訣再錄答案，內容實在會太冗長。如果拆成
  兩段錄製，先錄歌聲，再錄口訣與答案內容，則可降低
  錯一處就要全部重錄的風險，也可在往後認為已不需再
  聽歌聲也能熟記時，單獨刪除歌聲的部分。

- 要錄製的成效好，應選擇安靜的環境，例如書房，而且
  距離手機麥克風的距離、講話音量都應一致。若事後發
  現錄製好所有聲音都太小，可以先轉檔成MP3，再搜尋
  可以將音量一致化的軟體，把所有檔案的音量都調高。

- 每次錄製時，可以靜默一秒鐘再開始，一說完馬上結
  束，以產生區隔的功能。錄製語速或許可以比平常講話
  速度稍快百分之十到二十，以免未來耳熟能詳時，會覺
  得錄音檔的播放速度太慢。雖有App可以更改播放速
  度，但還是建議一開始就稍微用快一點的語速錄製。

- 記得要將錄音檔勤加備份，就如紙本筆記我通常會拍照

下來備份，錄音筆記也會備份到電腦，以免發生憾事。

刪除時機

通常有兩種情況會想刪除部分錄音檔，第一是錄錯時，建議讀者先默唸OK再錄製，也可省去錄了又刪的時間浪費；第二種是聽了好幾個月後，會發現一開始錄的內容早已熟悉，此時可刪除該部分以加快複習節奏。

聆聽方式

◆ 從「新」播放

最後錄製的一定最不熟，所以需要多聽幾次，我固定在午睡時，輪流播放各科最新錄製的部分，一天一科，每次5分鐘，如此能加強複習最不熟的部分，而且還有催眠效果。

◆ 從「頭」播放

就是從頭播放所錄的全部內容，基本上使用手機原廠內建的播放軟體即可達成。當出門在外或不方便一直點選播放檔案時，最適合用這種播放模式。

循環複習的五大要點

我受苦是與我有益
（詩篇119:71）

循環複習是與記憶術配合的複習絕招，一樣是基於少量多次的原理。

曾聽某名師說過，每科只要認真地讀五遍就可以上榜，我用了這循環複習方法後，到上榜前已將各科讀完二十六遍。

你可能會懷疑哪來的時間讀二十六遍，其實只要依前面提過的計畫表、生活作息，配上現在我要分享給大家的方法，你也可以在一年內複習二十六遍以上！

循環複習要能發揮最大功效，則要搭配使用筆記技巧的紙本筆記，由於紙本筆記裡已經是重點，所以我會用不同顏色的筆，依重要度及熟悉度將既重要又不熟悉的最重點畫紅線，還算重要的次重點畫淺藍色線。有了畫好雙色重點的筆記後，接下來進行循環複習的動作。

規劃不同科目的時間安排

如下表，此為我以Excel軟體做出的讀書計畫表。第A直行中列出所有的考試科目，科目排序要與自己下一次大考的考試順序相同，我把中間三科標不同底色，表示與其他科是不同日期考試。

A11欄位的「申論＋錯字、特工包、作業、一百五十題」則是指我的「申論考古快速練習一百五十題」、「申論寫作班作業」、「申論寫作技巧」等資料，它們雖不在筆記中，但仍會納入複習清單中。

■ 善用電腦軟體規劃複習進度

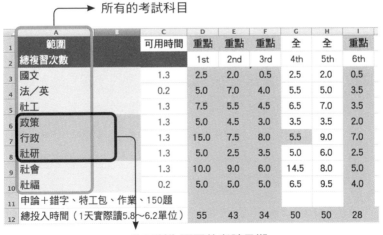

所有的考試科目

	A 範圍	B	C 可用時間	D 重點	E 重點	F 重點	G 全	H 全	I 重點
1									
2	總複習次數			1st	2nd	3rd	4th	5th	6th
3	國文		1.3	2.5	2.0	0.5	2.5	2.0	0.5
4	法／英		0.2	5.0	7.0	4.0	5.5	5.0	3.5
5	社工		1.3	7.5	5.5	4.5	6.5	7.0	3.5
6	政策		1.3	5.0	4.5	3.0	3.5	3.5	2.0
7	行政		1.3	15.0	7.5	8.0	5.5	9.0	7.0
8	社研		1.3	5.0	2.5	3.5	5.0	6.0	2.5
9	社會		1.3	10.0	9.0	6.0	14.5	8.0	5.0
10	社福		0.2	5.0	5.0	5.0	6.5	9.5	4.0
11	申論＋錯字、特工包、作業、150題								
12	總投入時間（1天實際讀5.8～6.2單位）			55	43	34	50	50	28

此三科為不同的考試日期

依不同的重要性分類

上圖第一列的複習範圍有分「全」與「重點」兩種：

「重點」就是只讀筆記中畫紅線的，每次請記得用碼表記下各科所花時間單位（例如50分鐘就記0.5，1小時就記1）。填入後，電腦會自動算出本次總投入時間於第十二橫列。並於每次複習時調整重點畫記部位，將非常熟的內容降低重點等級，還不熟的部分則提升重點等級。

「全」就是所有筆記內容全讀，此時不論次重要的淺藍線內容或沒畫線的都要讀到，全讀時，一樣要記錄各科所花時間。注意只讀筆記與特別挑選過的補充教材精選，看過的教科書、做過的「選擇」考古題，盡量不要再碰，以加快考取節奏。

記錄時間的目的在於，隨著複習次數增加，你會發現因重點部分的減少及熟練，會使每次所需時間下降，如此可增加信心與成就感，並增加每次讀書的樂趣，因為越來越滾瓜爛熟，故可以往更短的時間挑戰。

畫線部分請保持彈性運用，例如某部分原本是重點，但這次讀過後，你發現它早已深深記住，不需要被複習那麼多次，則請降低它的重要性。

相對的，如果這次讀過發現沒被記熟的部分，請提升

它的重要性。例如將紅線擦掉改淺藍線、淺藍線擦掉變無畫線，或是在紅線／淺藍線旁邊空白處用鉛筆打「X」等。

畫線部分建議不要使用可擦拭的螢光筆，因為它的原理是用有機溶劑擦拭，會擦不乾淨並讓紙濕掉；筆記部分除了打「X」做記號外，也不建議使用鉛筆書寫，因為若使用易修改的魔擦筆，擦拭時會使鉛筆的石墨把紙弄髒。

考期接近，調整循環複習的時間

循環複習原則是一次重點配上一次全讀，不斷的循環，但考前的最後衝刺，則可使用「兩次重點＋一次全讀＋兩次重點」之類的步調複習。

至於每天要循環複習多久？我建議須隨著考試日期的接近，提高複習所占的時間比例。

以全職考生來說，如果你還在前一百天階段，正在上第一次補習班正規課做基礎功，那一天大概循環複習半小時以內即可，完全不複習，也不會對以後有太大影響。

到了考前半年，則一天須循環複習約2小時；到考前一個月，則每天約需複習3～4小時。至於每天循環複習的時間，我則是挑晚上／睡前進行。

抓出最後考前衝刺的時段

到了考前衝刺階段，記得不要讀新的，完全只要循環複習到滾瓜爛熟。我當時抓20天做最後衝刺，並在行事曆中標示有顏色的色底，表示進入最後階段，但如果是剛不久就報名練經驗的考生，則建議抓3天即可。

至於我如何算出自己的最後考前衝刺時間為20天？首先要查詢最近一次的「全讀＋重點讀」共需要多久時間，再測量最近一天實際上可以有多少時間複習，例如我當時算出自己平均天的複習時間是5.8～6.2個時間單位。

最後則是設定在最後衝刺階段要讀幾次，例如讀兩次的全部與三次的重點，有了以上數據與目標，乘除一下即可計算出所需保留的天數。

考前一天的最重點複習

到了考試前一天的最後衝刺階段呢？我建議考前一天／考試當天只讀畫紅線的最重點，其他部分請視而不見，並且可對時間運用做以下計算：

計算可利用的時間與分配比重

	範圍		可用時間	重點	重點	重點	全
1	範圍		可用時間	重點	重點	重點	全
2	總複習次數			1st	2nd	3rd	4th
3	國文		1.3	2.5	2.0	0.5	2.5
4	法／英		0.2	5.0	7.0	4.0	5.5
5	社工		1.3	7.5	5.5	4.5	6.5
6	政策		1.3	5.0	4.5	3.0	3.5
7	行政		1.3	15.0	7.5	8.0	5.5
8	社研		1.3	5.0	2.5	3.5	5.0
9	社會		1.3	10.0	9.0	6.0	14.5
10	社福		0.2	5.0	5.0	5.0	6.5
11	申論＋錯字、特工包、作業、150題						
12	總投入時間（1天實際讀5.8～6.2單位）			55	43	34	50

　　上表中，C直行的可用時間是指該科在考試當天有多長的下課時間，若該科是早上8：40或下午1：00開始考試，將有約1小時30分可利用（此處用1.3表示），而下午2：40開始考試的科目，則約有20分鐘可使用（此處用0.2表示）。參考循環複習紀錄中各科所花時間與上述各節下課時間後，你便可計算出考前一天如何複習當天的考科。

　　以上表為例，國文下課有1.3個時間單位可讀，只讀重點又只需要0.5時間單位，所以可以預測到，將有0.8個

時間單位可挪去讀下一科目：法學／英文。

　　而法學／英文下課時間為0.2個時間單位，加上國文剩下的0.8個時間單位共1個時間單位，但它讀起來需1.1個時間單位，所以前一天應該要預讀0.1個時間單位以上。

第五章

考場注意事項
與得分技巧

雷諾瓦：
痛苦會過去，美麗會留下。

本章將分享所有的考場注意事項與得
分技巧。考運，也能由自己創造！

報名考試練習

不要怕，只要信
（路加福音8:50）

　　若要一個沒在游泳池學會游泳的人直接跳到大海練泳技，這不是學習，而是自殺。考場也是一樣道理。

　　雖然從小到大歷經千百場大小考，但不同考試的氛圍與需要使用的應對技巧絕對有所差異，所以我建議讀者一定要報名每一場大型考試當成練習。

　　例如你的目標是明年7月的高考（我稱為正式考試），則今年的地特一定要報名（我稱為模擬考）。

　　面對這種作為模擬練習的大考，你的心態應該要放輕鬆但不隨便。輕鬆的原因是要訓練不緊張的考場心情，過度緊張對記憶力、大腦思維與身體機能都將產生負面影響而發生考場失常的狀況。

　　試想如果你無法學習在模擬考時適度放鬆，以平常心面對，那正式考試時，很可能會更緊張而影響到分數。心

態要不隨便的原因是，我們的目標是1年考上，因此在正
式考試前，只會有一到二次的機會練習，所以這模擬考非
常重要，就算有交通問題，即使某科還未讀完，也請務必
全程考完，不能缺考。

從模擬考
預測考試分數

靠信心生活

（歌林多後書4:15）

　　預測考試分數除了可在放榜前就調整讀書方向，還能在一考完就有參考準則，協助判斷是否錄取，非常推薦大家加以運用。

　　選擇題其實很容易預測分數，只要考試時，將答案同步寫在試卷上並對答案即可。另外，我建議考完3天內，要到考選部網站核對答案以計算選擇題成績。一來要用此調整讀書方向，修改各科所分配到的時間，二來要看標準答案是否有疑問，需不需要向考選部提出試題釋疑。

　　建議你就算考得再怎麼差，也要勇敢對答案，否則如何調整讀書策略，應付下一次的考試！

　　至於申論題的分數則比較難預測，以下為我的作法：

STEP 1 於模擬考時預估分數

每節下課時，將剛考完的各題預估分數寫在該科題目卷上。至於判斷的方式為：滿分25分的申論題，完全會寫又寫滿估20分，還算會寫又寫滿估15分，若不太會寫但是亂掰到寫滿，估10分，完全沒把握，但盡可能用記憶術把最相關的「標準答案」填入並寫滿，估5分。

STEP 2 計算預估分數和實際分數的落差

模擬考放榜後，你可以開始計算預估分數與實際分數打的折數。

例如我們依上面方式估出A科目80分，公布成績後卻只有56分，表示該科閱卷老師的分數打七折（0.7倍）。

「平均」所有科目的折數後（例如考六科，則取六科折數之平均），會得到本次考試的平均折數。以我為例，平均要乘以0.7到0.75倍才是老師給的成績。

雖然申論題分數會隨閱卷老師的主觀認定或考生答題狀況而異，使各科折數出現特別高或特別低的極端現象，但因平均折數採取多筆資料的平均值分析，故依統計學的回歸現象來看，這做法採的平均折數仍具相當可靠度。

STEP 3 套用分數預測結果

　　例如經由此次非正式考試所計算出平均折數是0.7，
則正式考試後，將申論題預估分數乘以0.7，即是可能的
實際結果。

預測上榜可能性

他加力量給疲倦的人，賜充足能力給軟弱的人
（以賽亞書40:29）

　　高考／地特通常需2至3個月才會收到成績單，試想，如果可利用本節方法，提早得知是否上榜該有多好！

　　若要預測是否上榜，除了要先照以上方法預測考試分數，可依以下步驟為輔助：

STEP 1 蒐集資訊

　　蒐集你的考試項目近3～5年來，各次需用名額、報名人數與錄取分數，此資料可於考選部網站（http：//wwwc.moex.gov.tw）取得，載點位於其分類選單中的考選統計／各類考試統計中。

STEP 2 繪製趨勢線

　　以下示範當時我如何使用Excel繪製趨勢線。首先，

我以97～102年度高考社會行政的錄取數據，預測103年
錄取分數：

A. 如下表，列出近年的報名人數與錄取分數。（此為97～
102年度之數據）

報名人數	錄取分數
1533	54.1
1671	57
1773	60.97
2092	61.1
1864	55.07
1638	59.63

B. 插入散布圖，選擇下圖這種無連接線條的類型。

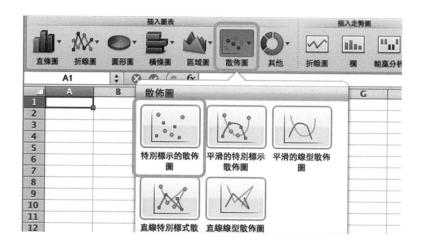

C. 調整散布圖的橫軸數值以利判讀，並於散布圖中任一
點按滑鼠右鍵，加上趨勢線。

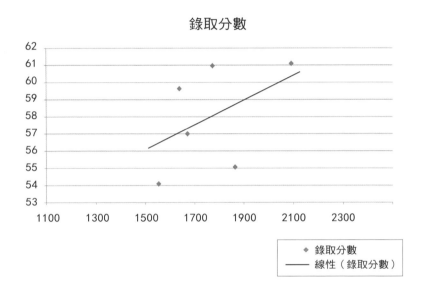

錄取分數

D. 有趨勢線後，將其延伸直至碰觸到103年之報名人數
1286人為止，對應過去的分數約54.1分，就是我預測
的錄取分數，後來公布103年錄取分數為54分，證明
此法可行。

以趨勢線預測上榜可能性

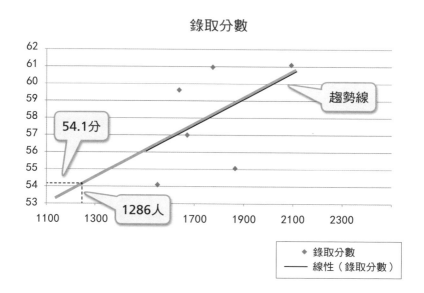

錄取分數

趨勢線

54.1分

1286人

◆ 錄取分數
—— 線性（錄取分數）

STEP 3 運用等高線

　　若想更進階的分析錄取分數，可使用MINITAB這套統計軟體的等高線功能繪製。下圖即為我多納入需用名額資訊後，使用此軟體的Contour Plot功能繪製而成。

　　由圖可知需用名額（就是本次開缺名額，即Z軸-人數）、報名人數（X軸）與錄取分數（Y軸）間，還是會互相影響：相同報名人數下，需用名額越多，則錄取分數越低。

以等高線圖預測上榜可能性

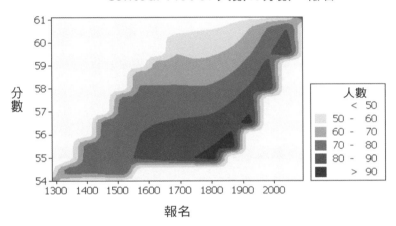

調整讀書方向

你們要竭盡全力，穿過窄門進去
（路加福音13:24）

　　預測考試分數後，還有一個最重要的事情：調整讀書方向！不管模擬考或正式考試，在考完後1週內，希望讀者用以下方法調整讀書方向，並在正式成績公布後進行第二次調整，如此才能使時間花在刀口上，發揮最大的效益。

STEP 1 依預測分數高低順序排列

　　在正式成績公布前，將預測的考試分數高低進行排序。見下表N-39欄位：假設社工這科考最差，就把它放在最上面，而國文考最高分，就把它放在最下面。（各科後面的數字是放榜後，搜尋各科榜首的成績做比較，例如社工輸榜首16分，國文贏榜首14分）

STEP 2 對各科進行檢討

　　針對各科分數如何提升進行檢討，例如社工這科有哪部分沒讀到，導致寫不出來，或是某本「聖經」尚未涉獵等，若不知該如何強化，也可以看網友或是讀書會朋友是否有建議。

各科的差別學習計畫

	N	O	P	Q	...	AX
39	方向	申論寫法、考典、錄音...			...	提升
40	綜合	考古PDF、讀經+禱告、練筆...			...	13
41	社工+16	練實力、把課上完、英文...			...	6
42	社會+13	練實力、精簡版聖經...			...	7
43	社研+6	練實力、統計、英文...			...	5
44	法/英+4	練實力、蘇哥哥、選擇題...			...	4
45	社福+1	練實力、季刊、社福法條...			...	3
46	行政(6)	練實力、修法、大J、猜題...			...	14
47	政策(12)	練實力、黃源協、英文...			...	2
48	國文(14)	作文、論點錦囊、配成語...			...	2
49				總分		7
50		再打5折	56.7	若0.7x	60.2	
51				若0.75x	64.0	
52				目標	64.0	

依預測的分數高低排序

各科預估提升分數

STEP 3 進行差別學習

　　例如社工這科我考最差，所以要列出的改善方針應該要最多，依此類推，考最好的國文則僅需較少的改善方針。你要知道，同一科由40分進步到60分，可能只要花

70%的努力；但要把分數由60分提升到80分，卻可能需要花100%的努力才能達成，所以把時間與精力花在最需要提升的科目上最划算。

另外需注意國考各科分數有加權處理，此點也要考慮進去，基本上，花在主科上的時間，要多於花在共同科目上的時間。

STEP 4 記錄差別學習計畫

如上表中O欄位，將各科的差別學習計畫記到表格內（表中有個「綜合」的方向，是指無法歸類任何一科的項目，例如取得各科考古題、讀經禱告、報考模擬考去練筆等）。

建議以顏色區分這些計畫內容為三類：未讀的、已讀的、要持續更新的，並在每次大考後就使用一種新顏色，才能知道自己在面對下一次大考有哪些努力。

如此紀錄除了有讀書計畫表的含意在，在考前還能增強自信：考前看一下這紀錄，你會由此發現自己真的下了非常大的努力而充滿信心！

STEP 5 預測成績提升幅度

在上表的AX欄位，我列出經過這個學習計畫後的各

科預估提升分數，例如我覺得上完申論班應該可以提升該科總分2分，多背誦所有英文專有名詞，可能有總分多1分的效果等。

當把提升後的分數乘以平均折數0.7倍，再考慮本次預計總成績後，可以得到預計下次成績。表中並寫下成績目標：64分，建議拿榜首的成績當目標，目標越遠大，進步幅度越驚人。

STEP 6 跟成績優異者相較

在正式成績公布後，可在網路尋找上榜感言，或是與讀書會中上榜者交流，找出成績最佳者，並把自己的各科與其對應科目比較差異，再把此差異回灌到STEP1的考試分數高低排序（亦即放榜前只能跟滿分100分比，放榜後要改跟榜首比），將最多時間花在與強者差異最大的科目。

為何依照STEP1，以各科與滿分差距排序，而要改找個強者比較？

因為有些題目的難度到了變態程度，例如當大家該科平均為30分，你拿到32分時，那此科絕對不該是差別學習的第一順位。

選擇題的
應答與猜答案技巧

跌倒的人以力量束腰

（撒母耳記2:4）

　　以筆者所應考的高考三級社會行政來說，選擇題只出現在國文、英文、憲法等共同科目及一科專業科目中；但以普考來說，選擇題則會出現在所有科目裡，所以提升選擇題分數是國考無法逃避的挑戰。

　　我準備選擇題的做法如前面章節所述，一樣是先用記憶術背下筆記，再到「阿摩線上測驗」練習選擇題考古題，將錯誤題目內容增補至筆記中，再以記憶術記住新增的內容。

　　除了以上的準備方法，如果遇到完全不會寫的選擇題怎麼辦呢？在A、B、C、D四選一不倒扣的題目中，胡亂猜答案，該題的失分機率很高，是否有可能藉由猜題技巧使命中率提高，增加上榜機率呢？

　　雖然每個出題老師的習性都不同，但從人性常態考

量，一定還是有部分類似的出題習慣。筆者為此特別訪問了出題教授、請教多次應考經驗的前輩們、參考了國考書籍，再加入補習班名師的建議，整理出選擇題猜題法分享給有此需求的考生。

難以決定哪個才是正確時

　　依以下原則進行判斷，將答案刪去錯誤者並留下正確者，只要刪掉一個錯誤答案，命中率就會提高到33％；刪掉兩個，命中率就會提升到66％；若能刪掉三個，恭喜你，此題得分！

1. 在高考Ａ、Ｂ、Ｃ、Ｄ四個選項出現的機率沒有平均，所以請勿全部猜其中一種，例如不可全部猜Ａ。

2. 若Ａ選項的敘述最短時，以心理統計學來看，這可能為出題老師設給心急／粗心型考生的陷阱，宜多加注意。事實上，筆者統計近5年來所有的高普考共同科目選擇

選項	出現次數	機率
A	67	23.2%
B	76	26.3%
C	72	24.9%
D	74	25.6%
總計	289	100.0%

題答案，並如上表分析後，可知整體來看，A選項為正解的機率確實相對較低。

3. 因出題老師也怕答案有爭議被申訴，所以會盡量將正解敘述到完美無缺。也就是選項長度愈長，描述愈詳盡，越有可能是正解。

4. 承上，揣摩出題老師怕被申訴的心態，建議刪除有絕對／強烈語氣的選項（例如：「絕不」之類字眼），含有不確定語氣者，較有可能是正解。

5. 考量到部分出題老師會使用相近的選項混淆考生作答，所以選項中若有兩個非常相似，則其中一個可能是正解；同樣的，當兩個選項天差地遠時，也是一樣的道理，亦即兩選項矛盾時，二擇一。

6. 代入法：將選項一一代入題目中看何者通順，若為計算題，此法更有用。

7. 「以上皆是／非」的選項，往往是正確答案。

8. 尋找產生交集的選項，例如B選項包涵了A、C選項均有的描述，則B可能是正解。

9. 因國家考試題目通常有一定水準，故建議刪除看起來像送分的選項。

10. 相信當下第一眼所臆測到的選項，也就是在不確定答案的情況下，請勿在複檢時，更改一開始猜測的答

案。

實在完全沒有想法時

　　如果依以上敘述仍無解，而要完全猜答案，可嘗試使用以下補習班老師分享的方法，不但會比亂猜的命中率更高，又可加速猜題的節奏：

1.選項長度三長一短：選最短的。
2.選項長度三短一長：選最長的。
3.選項長度兩長兩短：選 B。
4.選項長度參差不齊：選 C。
5.選項長度都一樣：選 D。
6.若為英文單字題，完全沒頭緒時猜 D。

　　最後一提，雖然我不建議花過多時間準備國文、英文選擇題（因為這兩科選擇題所占配分少，並需長期實力累積），但我認為還是要投資時間在憲法／法學緒論／法學大意等三門共同科目，因為許多人只差零點幾分就上榜，那表示再對一題選擇題就可以錄取了。

附註／參考資料：
1.《自來水評價人員題庫制霸》（共同科目四合一）（初版，作者：鼎文名師群。鼎文書局）
2.《為什麼出布容易贏？從球賽、股市到選擇題，在未知中輕鬆致勝的22個預測練習》（作者：威廉‧龐士東。譯者：陳儀，陳琇玲。商周出版）

申論題應答
要注意格式與架構

存心忍耐的，勝過居心驕傲的
（傳道書7:8）

注意格式

　　如下圖，申論題答案紙第2頁起上方「題號」右邊都有一行留白，此行不要寫。原因不明，但有老師告知，這行寫了不計分，先不論此話真假，對我來說，少寫此行，可以更專注在文字的精煉並節省時間。

　　此外，絕對要使用大標題加上縮排處理，如此看下去整齊，並且可減少書寫字數，又能使閱卷老師在30秒內就由大標題關鍵字給分（據說老師平均每題只花30秒批改）。

　　如下圖，數字「一」是拿來標示題號一，內文則由括號（一）開始，再來是數字1.，最後是括號數字（1）。

申論題答案紙第2頁

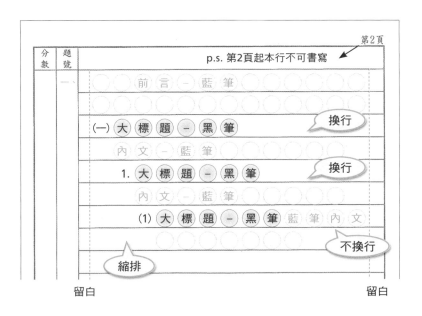

至於縮排是指第二層的數字1.要比第一層的括號（一）往右空一格才開始寫，第三層的括號數字（1）則以此類推。

最後，為了凸顯大標題並節省字數，第一層與第二層大標題寫完後，內文須換行，第三層寫完大標題後，內文接著寫不需換行。我習慣三層大標題都用雙色筆區隔，若要更凸顯，則可在大標題下加畫底線。

留心答題架構

以四題申論題的考試來說，每小題的配分加上兩行左右，就是該小題的最佳行數。一個題目可能有多個問題，通常如果題目中沒有寫每個問號的配分，則以最後面的問號分數最高。例如連問三個問號，我大約會各配7、7、11分。至於各架構的分配和重點則如下：

前言

約三到四行，可講背景、緣由、現況等，盡量有學者名言、法條、數據為佳，連名詞解釋題型在內，所有題目都要寫前言。

主答

扣除前言／結論，剩的版面需全部用具有標題分點的主答填滿，所以主答篇幅要占最高的比例，不要被前言／結論喧賓奪主。但如果真的寫不完、無法寫滿版面，則換B計畫：每大題可以留白五行左右（本來每題都要把答案紙寫滿），以正確性換取篇幅，寧可寫得少一點但精煉，也不要寫的多卻是廢話連篇。

再來將各大標題使用記憶術背出，最後依知識與常識

把內文填充到各標題下，如此感覺像「把困難的申論題變簡單的填充題」，完全征服它。

結論

　　除了名詞解釋題外，建議每題都要寫結論，結論約三到四行，基本上可以節錄主答的重點後重新論述即可做為結論。申論題不可以露骨的直接寫出「前言」、「主答」、「結論」等字眼，「前言」、「主答」這兩者基本上可以不出現而直接作答，「結論」則可寫「個人淺見以為」或是「綜上所述」。

　　若可寫出個人的獨特見解會有加分效果。此外，申論題畢竟不是作文，結論記得不可出現驚嘆號或問號。

　　此外，不論前言、主答、結論，都需要大量的數據、名言、學者名字、專有名詞，平時可用記憶術多背一些運用。

申論題應答的
活用技巧和注意事項

凡你手所當作的事，要盡力去作

（傳道書9:10）

應答的活用技巧

◆ 名詞解釋題代表題目中直接要求考生進行名詞解釋，例如以下範例：

名詞解釋：（20分）

（一）律則式解釋模式（nomotheic explanation）

（二）時間序列分析（time-series analysis）

（三）內在一致性信度（internal consistency reliability）

（四）參與式行動研究（participatory action research）

遇到這類題型，每小題都必須分三段回答，先寫前

言，再以大標題加縮排方式，分兩點論述。這兩點可為其定義、特徵、意涵、功能、種類、應用、利弊、反面對照等，故以本題為例，答案可以運用以下方式布局：

答案的安排段落

（一）律則式解釋模式（nomotheic explanation）
前言（可舉提出學者、出處、歷史脈絡等）
1. 律則式解釋模式之定義
2. 律則式解釋模式之利弊

◆ 一般來說，我拿到題目時，會先很快的全部掃一次，如果沒有特別難易的題目出現，則審一題、寫一題。若出現特別難的題目，則留好該題空白頁面後，直接跳寫下一題，待全部作答完畢後，再寫不會寫的題目。
◆ 不會寫的題目，也請務必用筆記中最可能，最接近的「標準答案」，用記憶術全部背入，前言、主答、結論這三大要項一樣不少，照樣要寫到兩頁全滿。
若運氣好寫對方向拿到十幾分不是問題，運氣不好，則通常還有5分的同情分數，有些人差零點幾分就上榜，一科多5分差很多！
◆ 提及法條名稱或是書名，可以加《　》符號，因為此為

標準格式，可以凸顯專業感，提醒教授我們有記下法條或書名。

同樣的道理，專有名詞後面，我基本上會背出英文，並用括號（ ）處理，若要更誇張，可以將專有名詞中文部分也加「 」處理。例如：學者 K. Marx 提出「剩餘價值」（surplus value）的理論……。

◆ 第一次提到專有名詞、法律名稱，全都要寫中文全名。如果預期再來會多次使用則可註明縮寫，例如：《兒童及少年福利與權益保障法》（以下簡稱兒少權法）。

◆ 多使用「公文語法」，例如使用「惟」當轉折語，使用「方克有濟」、「合先敘明」等文辭，製造我們有內涵的假象。這些文句如何來？多看題庫書老師擬答與教授在網路上的文章即可習得。

◆ 主答內使用大標題法，但注意各標題的內容不能太空虛，例如僅寫一行就結束了。所以與其要切成內容空虛的十個面向，我會建議把它融合為四個內容豐富的面向當標題。

◆ 大標題要以因果句形式呈現，例如（一）教育，這是不佳的，應改為（一）增強倫理教育以提升公務員素質。

◆ 如果題目超級長，可以先看一眼問號前的專有名詞，通常那個就是真正的關鍵問題。例如以下題目：

「我國女性人數約占總人口數的49.66％，政府有關婦女福利的各種項目，分散在各種不同法規、辦法及行政措施中，隨著近年教育程度提高、就業機會增加、自我意識覺醒以及民主發展趨勢，女性的角色與對各項服務需求亦日趨多元化，為求滿足婦女需求，我國在婦女權益保障方面有那些作為？並評析之。」

這題題目很長，但可直接看到問號前的專有名詞為「婦女權益保障」，此即為本題的答題重心。

◆ 如果有多個子題，通常其彼此間是有關連的，答題時若能加入轉折語，將使整篇更加通順，而不會變成是在回答簡答題。

◆ 比較異同題，先同再異：一般相異點會比相同點多，所以要先寫相同處再寫相異處，以免產生虎頭蛇尾的不協調感覺。

◆ 國文科作文：可先以記憶術範例背下萬用大標題、開頭、結語、成語，例如重視生活教育，推動倫理建設，擴大媒體功能，改善社會風氣，加強法治意識。但記得不要直接背下補習班老師的範例，要再找資料補充，以免跟其他考生雷同，而使閱卷老師厭煩。

- 共八頁的答案紙，作文建議寫到第五頁，公文建議寫到第三頁。寫不到這麼多怎麼辦？用分點的寫法即可。

 作文分點法如上述，公文則是「辦法」這段可以多舉分點，例如主旨只能一段，但說明可能寫三到五點，辦法則寫五到七點。

- 背出法律第幾條，到底有沒有用？有，絕對有用，法條、釋字，都是基本分數的要件，尤其有些釋字有寫才有高分，沒寫連一半分數都沒有。

 不過法科格式寫法上要注意，不是「訴願法§5」，而是訴願法第5條；不是「釋字553」或「#553」，而是司法院大法官釋字第553號。

- 引法條時，盡量寫在句子的前面以方便老師找，如果寫完才想起忘了引法條，則才補在後面，例如：行政程序法第123條參照。

從細節讓閱卷老師有好印象

- 版面保持清潔，盡量不要有大量塗改。
- 如果2小時要寫四題申論題，建議每題只能寫25分鐘左右，因為要考慮審題的時間。我在最後一次考試時，為了節省時間，幾乎不先在題目卷上列答題架構，審完題後就直接動筆。

◆ 題頁要翻對，我曾有次申論題寫錯頁，邊擦掉整頁答案，邊嚇出一身冷汗。為避免這種狀況，建議可一翻開答案卷便標上各題題號（一、二、三、四），並且每寫新的頁面都要確認頁碼，例如寫完第一頁不要翻錯，而寫去第三頁。

◆ 不要有錯字或簡字，例如可用的是「臺灣、追蹤、證明」；不可用的是「台灣、追踪、証明」。個人會把常錯的字寫到一張 A4 紙複習。

◆ 如果字不好看，也不可以潦草到自己都看不懂，至少要字體工整，我是拿著申論尺（本書所附贈的樣式），沿著答案紙的格線下緣書寫。

◆ 如果有必要可以畫圖，但要加以解釋；而除非題目要求，不然不要畫表格。

◆ 國外學者建議寫英文名，國內學者則只能寫「國內學者」，不能寫出名字，因為有派系問題，給不同學派的閱卷者批改到可能會因此扣分。

◆ 審題時要圈出關鍵字。例如題目問：「請舉出一種社會政策說明與該公約施行法的關係。」這就是 A 與 B 的關係之題型，除了要回答 A 再回答 B，切記也要比較 A 與 B 之關係。所以「關係」兩字為本題之關鍵字，要圈起來，提醒自己別漏了比較兩者關係。

考生加油站

寫申論題時，為快速的讓字體標齊對正，提高閱卷教授的印象分數，我會使用特殊的申論尺協助書寫（如附圖）。尺的兩邊刻度間距是不一樣的，一邊的間距是7mm（一行可寫19字），一邊是8mm（一行僅寫17字），用來書寫時可以對齊每個文字。

如果你只是第一次練習，可以使用8mm端，但之後則建議使用7mm端。

使用時，先將左右凸出的定位塊如下圖放置，使兩者均與書寫行底線呈現「十」字交叉（此時定位線也會跟答案欄邊緣重疊），如此能讓申論尺刻度與書寫行保持固定距離，方便在不移動尺的情形下使用立可帶等物品修正錯字。

書寫時，由左右定位線縮進來的第一條較長之7mm間距線，寫到最後一條較長之7mm間距線，也就是左右邊都會產生留白的效果。留白的目的是省字、省時，並可使視覺集中並讓排版美觀。

每側大標題定位點各有大中小三個圓圈，分別對應三層大標題：（一）、1、（1）。此標示方便考生快速找到各層大標題從何處書寫，並且在換頁接著作答下筆時，也不易寫錯位置。

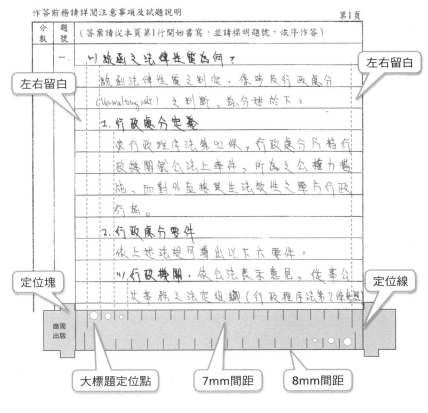

（此為隨書附贈之申論題練習尺）

大考前和考場的
作息規劃與心態調整

我只有一件事，就是忘記背後，
奮力向前，向著目標直跑
（腓立比書3:14）

我以考試當天為時間起算點，往前回推1個月、1
週、1天、考試當天，提供大家一些建議和心得。

考前建議

考前半年

請思考自己要報名普考？高考？還是兩個一起考？

只考普考的好處是，讀的科目比較少，因為以選擇題
為主，對文筆不好的同學有「遮醜」效果；壞處是普考的
薪水比較少，而且如果想考進去後，用年資爬到高考的職
等，既費時又費工，所以有人建議長痛不如短痛，直接以
考上高考為目標，而不要考普考。

　　只考高考好處是，薪水高；壞處是專業科目幾乎都是申論題，並且準備的科目也會較繁重。

　　兩個一起考好處是，如果只上普考，至少還能騎驢找馬；壞處是要連考五天，考到要虛脫，手寫字痠到要斷掉。

　　我因為考慮到高考的待遇較佳，而且希望以逸待勞，好整以暇的面對剛考完2天普考已顯疲態的考生（高普考是連著考5天，2天普考後接3天高考），所以從開始就設定只考高考。

公務員福利

1. **薪資相較一般勞工為高**：高考／特考三級月薪約4.6萬，普考約3.6萬，初考約2.9萬，若是司法官特考，還可有約9.8萬的月薪

2. **有各式生活津貼**：結婚補助費、生育補助費、喪葬補助費、子女教育補助費。

3. **其他福利**：補助國民旅遊卡、公教人員優惠儲蓄存款、急難貸款、購置住宅輔助貸款、結婚／生育／子女／留學及急難貸款。

考前三個月

考前除了讀書，最重要就是報名考試，如此重要的事情請在行事曆中設定，提醒自己絕不能遺忘。另外建議不要第一天報名，據說地特最後幾天報名有優勢，理論依據是越早報名的，通常是充滿自信的高手，最後才報名的，則常是抱著姑且一試心態來陪考練筆的考生，如果能讓考卷跟這些練筆的考生混在一起，是不是比考卷夾在高手群中好多了！

在此理論的假設下，如果你最後幾天才報名，那就會跟那些陪考的考生有較接近的准考證號碼，而被分在同一間考場。

所以不管是線上報名或是郵寄紙本資料，我都在截止日的前一天進行。但為了保險起見，請設定好行事曆提醒，並要事先確認報名手續萬無一失，不然臨時缺東缺西，鐵定急死人。

考前一個月

依循環複習技巧，現在應該複習多而學習少，並即將進入完全複習的最後衝刺階段，但前提是這一年都有按照我建議的方式認真讀書，不然沒經過學習，哪有東西好複

習？

考前一週

　　除了已進入完全複習的最後衝刺階段，這階段的重點還有信心的養成及情緒的控制。情緒的控制非常重要，不能完全不緊張，也不能緊張過了頭，不要整天煩惱而變成負面思考，須保持樂觀正面的心態，調整正常作息迎接考試。

考前一天

　　按照考試攜帶物品清單進行盤點，並事先規劃好考場交通路線，在睡前先預讀明天考場下課讀不完的科目。

考試當天建議

考試當天

　　由於考前1週已經調整好生活作息，所以你應該早睡早起，以便可以提早出門到達考場座位繼續讀書，別忘了路上一次買齊早餐與午餐。

　　第一節考試前會打鐘，記得與自己的手錶對時，看看時間差幾秒，這對於何時交卷的影響非常重大。記得把手

機轉飛安模式並調成震動後再關機，當天到結束前，都不要再開機。

此外，各節申論都要在打鐘前30秒提前交卷。理由是，運氣好的話，可以避開高手，把自己跟弱者放在一起：因為通常不會寫的都會提早交卷，而在鐘響前30秒交卷，就是緊臨在這些弱者的後面。

就算沒有以上的優點，提早30秒交卷可換來打鐘後不會被困在教室內3分鐘等老師收卷，女生也能提早去搶廁所。

切記，下課時請不要討論成績或翻閱筆記看剛剛是否回答正確。 請收起試題卷，花30秒幫各申論題預估分數，同時也趕緊複習下節考科。

全部考完後

考到最後一天的最後一科結束，請在離開考場前，先到附近每間與自己相同考科的教室做下面兩件事：

1. 把黑板上的應到／實到人數記下，如此就能推估本次到考率，當你想要更精確預估錄取分數時非常實用。
2. 把桌上座號範圍抄起來，例如你可能可以獲得以下資訊：

台中試區社會行政的座號是20440116～20442118。

在上榜時，可以將這資訊與榜單上的座號相互對照，推估在你前面的考生有幾個是同考區的，他們可能會去搶你家鄉的缺。

　　若考完忘了做這兩件事，也可以寫信詢問考選部，運氣好的話，會得到資訊。

上榜選填志願的
四大要點

你們當剛強壯膽，不要害怕
（申命記31:6）

我還記得知道自己上榜那一瞬間，眼淚立刻決堤，因為想到自己過去這一年是多麼認真，克服了多少困難，一切都值得！

恭喜考上的讀者，但先給大家打個預防針：通常公務員考試的缺都不是好缺，因為有好缺，人家內部輪調時就先卡好位了，怎麼會輪到我們這些沒有人情、沒有背景的考試錄取人員來填補？

因此，我們需要在一堆泥土中，努力發掘出可食用的地瓜。我當時做了以下功課幫助選填志願，讀者可以參考。

蒐集距離資訊

考選部會公布各詳細職缺單位與地址，對我來說，距

離是最重要的因素，因此我把各地址輸入 Google 地圖，並自行繪製了「志願地圖」，上面各標籤是單位名稱與距離我家的公里數。

知道有多少競爭對手

放榜時，會公告每一位考上的考生准考證號碼，所以由自己的名次與先前在考場蒐集到的考生座號，可以推估出前面共有多少本區的考生，也就是填到家鄉的機率有多少。

例如假設我是第二十名，前面十九個人由座號查有五個人是台中考區，而今年台中市只有三個缺額，很有可能我就填不到台中的缺額。

蒐集更詳細資訊

有了事關重要的距離排序，並知道自己前面有多少競爭對手，假設大家都選擇自己家鄉填志願，便可以大約知道自己可能會分配到的單位。

接著必須對這些單位蒐集以下資訊：職務內容、實際下班時間、是否有加班費、是否需出勤、實際上班地點、同事相處情形、中午休息多久、是否有停車場等。

志願地圖

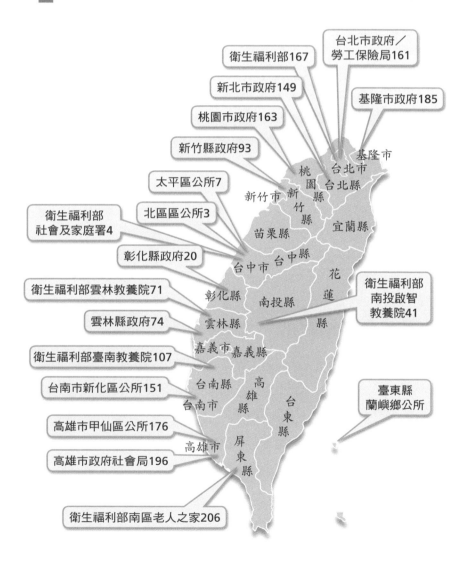

台北市政府／勞工保險局161

衛生福利部167

基隆市政府185

新北市政府149

桃園市政府163

新竹縣政府93

太平區公所7

北區區公所3

衛生福利部社會及家庭署4

彰化縣政府20

衛生福利部雲林教養院71

衛生福利部南投啟智教養院41

雲林縣政府74

衛生福利部臺南教養院107

台南市新化區公所151

臺東縣蘭嶼鄉公所

高雄市甲仙區公所176

高雄市政府社會局196

衛生福利部南區老人之家206

　　基本上這些訊息，建議除了在網路上爬文，更要直接前往詢問，因為還可以記錄一下到此單位的通勤時間，也可以觀察一下那裡的工作氣氛、是否來辦事的民眾人潮擁擠，如果你不方便自己出面，可以請家人陪同詢問。

　　另外，因為每個單位的替代役與其他人比較沒有利害衝突，由他們那裡常可以問到最真實的情況。等最可能填到的單位都詢問完畢，再接著以同樣問題打電話詢問較不可能填到的單位，並以Google的街景功能看一下該單位附近環境如何。

進行志願排序

　　例如假設我是第二十名，那一定要排出二十個順序，請依以上蒐集到的資料排序志願表單。

　　此外，跟大家分享一個經驗，有時真的人算不如天算，例如網路上都說A單位是個地獄，但實際進去後卻不一定如此；所以沒分到你的第一志願也別難過，塞翁失馬焉知非福，或許原先想要去的單位並沒你有想像的好！

國家圖書館出版品預行編目（CIP）資料

照著做，成功擠進國考窄門／林維翰著
─初版．─臺北市：商周出版：家庭傳媒
城邦分公司發行，民105.12
　面；　　公分─
ISBN 978-986-477-141-7（平裝）
1. 國家考試　2. 考試指南

573.44　　　　　　　　　　　　105020642

照著做，
成功擠進國考窄門

作　　　　者／林維翰
選 書 編 輯／李皓歆
特 約 編 輯／陳怡君
校　　　對／魏秋綢
版　　　權／黃淑敏、翁靜如
行 銷 業 務／莊英傑、周佑潔、林秀津

總　編　輯／陳美靜
總　經　理／彭之琬
發　行　人／何飛鵬
法 律 顧 問／台英國際商務法律事務所
出　　　版／商周出版
　　　　　　台北市中山區民生東路二段141號9樓
　　　　　　電話：（02）2500-7008　傳真：（02）2500-7759
　　　　　　E-mail：bwp.service@cite.com.tw
發　　　行／英屬蓋曼群島商家庭傳媒股份有限公司　城邦分公司
　　　　　　台北市中山區民生東路二段141號2樓
　　　　　　電話：（02）2500-0888　傳真：（02）2500-1938
　　　　　　讀者服務專線：0800-020-299　24小時傳真服務：（02）2517-0999
　　　　　　讀者服務信箱：service@readingclub.com.tw
　　　　　　劃撥帳號：19833503
　　　　　　戶名：英屬蓋曼群島商家庭傳媒股份有限公司　城邦分公司
香港發行所／城邦（香港）出版集團有限公司
　　　　　　香港灣仔駱克道193號東超商業中心1樓
　　　　　　電話：（852）2508-6231　傳真：（852）2578-9337
　　　　　　E-mail：hkcite@biznetvigator.com
馬新發行所／城邦（馬新）出版集團
　　　　　　Cite（M）SdnBhd
　　　　　　41,JalanRadinAnum,BandarBaruSriPetaling,
　　　　　　57000KualaLumpur,Malaysia.
　　　　　　電話：（603）9057-8822　傳真：（603）9057-6622
　　　　　　E-mail：cite@cite.com.my

內 文 排 版／黃淑華
印　　　刷／鴻霖印刷傳媒股份有限公司
總　經　銷／聯合發行股份有限公司
　　　　　　電話：（02）2917-8022　傳真：（02）2915-6275

■2017年（民106）1月初版
ISBN 978-986-477-141-7

Printed in Taiwan
城邦讀書花園
www.cite.com.tw

定價320元